Zögernd tritt Herr Lettau ein

Strategien und Inhalte in Reinhard Lettaus Erzählstil
am Beispiel *Auftritt Manigs*

von

Sabine Sowa-MacQuarrie

Tectum Verlag
Marburg 2004

Umschlagfoto: © Isolde Ohlbaum

Sowa-MacQuarrie, Sabine:
Zögernd tritt Herr Lettau ein..
Strategien und Inhalte in Reinhard Lettaus Erzählstil
am Beispiel *Auftritt Manigs*.
/ von Sabine Sowa-MacQuarrie
- Marburg : Tectum Verlag, 2004
Zugl.: San Diego, Univ. Diss. 2001
ISBN 978-3-8288-8746-6

© Tectum Verlag

Tectum Verlag
Marburg 2004

Vorbemerkung zum vorliegenden Buch

Das vorliegende Buch wurde im Rahmen einer Promotion an der University of California, San Diego als Mikrofiche im Jahre 2001 publiziert. In Deutschland wird die Fassung aus dem Jahr 2001 nunmehr zum ersten Mal veröffentlicht. In vielerlei Hinsicht stellt sie eine Pionierarbeit dar, hervorgerufen durch den Umstand der damals erstmaligen Beschäftigung mit dem Autor Reinhard Lettau in einem größeren Rahmen. Erschwert wurde die damalige Recherche durch den bis 2001 nicht zugänglichen Nachlass, der zwischenzeitlich in der Akademie der Künste, Berlin für die Öffentlichkeit einsehbar ist.

Trier, August 2004

Meinen Eltern

Inhalt

Vorbemerkung zum vorliegenden Buch _____ iii
Widmung _____ iv
Inhalt _____ v
Dank _____ vii
Zusammenfassungen (Abstracts) _____ ix

Vorwort   Reinhard Lettau - Poet und Rebell _____ 1

I.   **Kapitel   Hinführende Betrachtungen _____ 19**
   A.   Fremde Stimmen zu *Auftritt Manigs* _____ 19
   B. Lettaus Stimme   21

II. **Kapitel   Ambivalenz und Ästhetik der Anfänge _____ 27**
   A.   Beeinflußt Ambivalenz Handeln? _____ 27
   B.   Ästhetik der Anfänge _____ 34

III. **Kapitel   Gäste und Feinde _____ 45**
   A.   „Der Mensch als Ganzes ist mir vollkommen unbekannt."
      Der Gast reicht weit: vor und zurück. _____ 45
   B.   Feinde, Feinde, Feinde _____ 51
   C.   *Auftritt Manigs* hat Repräsentationscharakter _____ 58

IV. **Kapitel   Stil und Sprache _____ 63**
   A.   Autonomie durch Stil: Auch Löffel haben Tränen _____ 63
   B.   „Sprache muß bewohnbar sein."
      Durch Selbstverweis zur Neudefinierung _____ 72

- **V. Kapitel „WahrHeitNehmen" durch Verifizierung des Selbstverständlichen** _____83
  - A. „Was von dem was ich sehe, sehe ich?" _____83
  - B. Verifizierung des Selbstverständlichen _____90
- **VI. Kapitel Freiheit und Leichtigkeit durch Humor und Spiel** _____99
  - A. Das Spiel und seine Elemente: Tanzen, Lachen, Singen und Spiele _____99
  - B. Spiel und Freiheit _____106
- **VII. Kapitel** _____113
  - Schlußbetrachtung
  - Manigs Mantel birgt Lettaus Freiheit _____113

Literaturverzeichnis _____125

Kurzbiographie Lettaus _____169

Dank

Mein besonderer Dank gilt all denen, die mich auf dem Weg dieser Arbeit begleitet haben. Rückblickend begann die Beschäftigung mit Lettaus Werk nach seinem Tode 1996. Gespräche am 27. Juni 1996 mit Freunden und Verlegern des Schriftstellers initiierten den Wunsch nach einem Nachruf in größerer Form. Am 22. August 1996 fand erstmals die Einsichtnahme in das Archiv des Hanser Verlags in München statt, die Michael Krüger mir großzügig verschaffte. Am 10. Juli 1997 erfolgte eine zweite Reise zum Hanser Verlag München. Am 8. Juni 1997 konnte ich erstmals und letztmals den unsortierten Nachlaß Reinhard Lettaus in der Akademie der Künste, Berlin durch die freundliche Unterstützung von Frau Sabine Wolf sehen. 1998 durfte ich mit besonderer Genehmigung Lettaus Doktorarbeit – und auch nur diese – an der Akademie durchsehen. Im September 1997 besuchte ich die Hermann-Lietz-Schule auf Schloß Bieberstein in Hofbieber, um Lettaus Abschlußarbeit zur Erlangung des Abiturs (1949) zu lesen.

Zum ersten Todestag (10. Juni 1997) fand eine Lesung im Café Clara, Berlin-Mitte durch die Gesellschaft zur Pflege und Förderung der Poesie, Orplid & Co., betitelt: *Erinnerungen an Reinhard Lettau* statt. Dawn Lettau lud mich zu der Lesung ein. Dies ermöglichte mir, weitere Kontakte mit Lettau-Freunden zu knüpfen.

1997 begann ich Briefkontakte mit einigen wichtigen Lebensbegleitern Reinhard Lettaus zu pflegen. Insbesondere seien der langjährige Freund, Herr Hanspeter Krüger, Berlin, der Schulfreund aus Abiturientendtagen, Herr Peter Nöldechen, Berlin, der Schriftsteller Hans-Christoph Buch, Berlin und der erste Verleger Lettaus, Herr Dr. Peter Frank, Heidelberg, erwähnt. Im Laufe der Jahre durfte ich diese Herren persönlich kennenlernen. Treffen hat es mit den Herren Krüger und Nöldechen 1998, 2000 und 2001 gegeben. 1999 fand eine bereichernde Zusammenkunft mit Herrn Dr. Frank in Heidelberg statt. Im März 1998 sah ich eine Auswahl der Special Collections an der University of California, San Diego, die außer Tonbandaufzeichnungen von Lesungen Lettaus vor Ort, Material zu seinen politischen Aktionen, deren Auswirkungen auf seine Karriere als Universitätsprofessor und seine Auftritte mit Herbert Marcuse belegen. Treffen mit dem Publizisten

Martin Lüdke, Frankfurt/Main und der Rixdorfer Künstlergruppe konnten bis zur Vollendung dieser Arbeit nicht mehr verwirklicht werden.

Private Briefe, Notizen und andere persönliche Einblicke wurden mir durch die freundliche Unterstützung außer von den schon genannten Personen auch von Nancy Hesketh, San Diego, Prof. James K. Lyon, Salt Lake City, Utah, W. Büsch, Berlin, Adolf Endler, Berlin, Prof. Dr. Fritz J. Raddatz, Hamburg, Rudolf Springer, Berlin und Prof. Dr. William A. O'Brien, San Diego gestattet.

Außer denen, die mich im Hinblick auf Lettau selbst unterstützten, möchte ich auch jene nicht vergessen, die mir durch Kritik und Knowhow in Sachen Computer zum eigentlichen Erstellen des Textes tatkräftig zur Seite standen: Claudia Nimmesgern und Leo Hammes.

Ohne sie alle wäre die Arbeit in der vorliegenden Fassung nicht möglich gewesen. Ihnen sei an dieser Stelle mein herzlicher Dank ausgesprochen.

Zusammenfassung

Zögernd tritt Herr Lettau ein

Strategien und Inhalte in Reinhard Lettaus Erzählstil
am Beispiel *Auftritt Manigs*

by

Barbara Sabine MacQuarrie

Doctor of Philosophy in Literature

University of California, San Diego, 2001

Professor William A. O'Brien, Chair

1. Zusammenfassung in deutscher Sprache

Die Dissertation beschäftigt sich mit dem Gesamtwerk Reinhard Lettaus (1929 – 1996). Dessen Ästhetik wird anhand einer Textanalyse des Buches *Auftritt Manigs* (1963) herausgearbeitet. Bisherige Veröffentlichungen zu diesem Schriftsteller beschränken sich – von wenigen Radio- und Fernsehsendungen abgesehen - auf Artikel in Zeitungen und Zeitschriften. Jedes Kapitel greift ästhetische, stilistische oder inhaltliche Phänomene der Lettauschen Kunstauffassung auf, die der *Manig*-Text repräsentativ für Lettaus Gesamtwerk zeigt.

Die Frage nach dem Repräsentationscharakter von *Auftritt Manigs* für Lettaus Gesamtwerk wird in dieser Arbeit beantwortet, indem sie die noch nie entdeckte rück- und vorweisende Funktion *Manigs* entlarvt.

Zeitgenössische historische und kunstästhetische Strömungen werden – soweit in der Analyse auffällig – auch in Augenschein genommen. Konzepte der Ambivalenz, des Stils, der Sprache, der Wahrnehmung, der Wahrheit und der Freiheit füllt Lettau mit immer wiederkehrenden Inhalten wie Gästen und Feinden. Spielerische Elemente ziehen sich wie ein roter Faden durch die erwähnten Konzepte sowie auch durch Inhalt und Stil.

In der Anlage zeigt Lettaus *Manig*-Text kubistische Züge, eine sprunghafte Analyse vorantreibend, die perspektivisch von einem Blickpunkt zum anderen springt, dabei gleichsam größere Zusammenhänge auf bekannte Formen zurückführt. Diese Perspektivenvielfalt drückt sich in der Anordnung der Kapitel aus. Der hieraus entstehende fragmentarische Charakter orientiert sich an Lettaus *Auftritt Manigs*. Anstelle Lettaus Texten ein Modell überzustülpen, das die Intensität der einzelnen Stücke einschränken würde, werden deren Methodik und Strategie in ihrer Vielfalt belassen und darin erstmals aufgedeckt.

2. Zusammenfassung in englischer Sprache

This dissertation is the first extensive research work on Reinhard Lettau (1929 – 1996), Professor of Literature at the University of California, San Diego from 1967 – 1991. He was an award winning author, wrote innumerable newspaper clips on current affairs concerning politics, aesthetics, philosophy and daily news, penned nine prose books and several poetry editions. The extent of research published to the present day however, does not exceed short newspaper articles apart from one longer article on Lettau's use of the grotesque by C. Harris. Beginning in 1962, Lettau was a world renowned German writer of the "new" generation. In his following work however, he was never able to achieve the same reputation like he enjoyed in 1962. Needless to say, he won the German Radio Prize of the Warblind for *Breakfast Conversations in Miami* in 1978. He also won the Berlin and Bremen Literary Prizes in 1994 and 1995 for his last published book, *Flucht vor Gästen* (1994).

Often, Lettau's work was criticized for its brevity. He was also accused as a person and a writer of being politically active in the "left" camp, therefore undermining the seriousness of his work to some. In this dissertation, we took a closer look on Lettau's observations regarding book sizes, his political views and their interference with his œuvre. We also examined his understanding of a writer's obligation. Emanating from these observations, we approach Lettau's views on aesthetics in art, which move like a fine line through his entirety as author and human.

It is the second book which attracts our main interest. *Auftritt Manigs* is a collection of 57 individual pieces which on the whole, and by themselves, may lead to the conclusion of being fragments. The fragmentary style is carried over into the chapter divisions of the dissertation, possibly leaving the reader with a somewhat cubist impression. The text analysis jumps from angle to angle, while the larger context is recognized via traditionally established forms. Lettau's individual texts remain untouched, i.e. the method used in approaching his work originates in the writings themselves, rather than applying an outside formalistic, linguistic or any other preformatted method. This enabled us to depict the methods and strategies of Lettau's work with all of their variety for the first time.

The question whether *Auftritt Manigs* is the text which best represents Lettau's entire literary work originated directly from *Manig* itself, which points to earlier and later ones. Contemporary historical and aesthetic trends are discussed when they are remarked in the analysis. Constantly reoccurring themes such as guests and enemies as well as playful elements revolve around concepts of ambivalence, style, language, perception, truth and freedom.

Rather than trying to make Lettau's texts conform to certain generalities on formal and philosophical statements, the dissertation strives to present the unique strategies and subjects in his work *Auftritt Manigs*.

Vorwort

Reinhard Lettau - Poet und Rebell

Der Schriftsteller Reinhard Lettau, der gestern in Karlsruhe 66jährig verstorben ist, war mit seinen biographischen Zickzackschwüngen unter den deutschsprachigen Autoren der Nachkriegszeit der am schwersten zu fassende.[1]

Warum Reinhard Lettau zeit seines Lebens so schwer zu fassen blieb[2] und auch nun nach seinem Tod noch viele Rätsel aufgibt, beruht auf der ihn kennzeichnenden Leidenschaft fortwährend nach dem Nicht-Offensichtlichen zu fragen, und der sich hieraus ergebenden Folgerung, sich nicht auf einen Standpunkt festlegen zu lassen. „Schließlich hat er den Ausgleich nie gesucht und die Kontroverse stets gefunden."[3] Ambivalenz war daher eine konstante Begleiterscheinung seiner Poesie sowie auch persönlicher Ansichten.

Lettau zieht eine Konsequenz aus seiner immer gegenwärtigen ambivalenten Haltung, indem er prosaische Bücher über längere Zeitabschnitte einfach nicht schreibt. Einen ganzen Aufsatz betitelt er in seiner ästhetischen Schriftensammlung *Zerstreutes Hinausschaun: Nicht-Schreiben als Bedingung des Schreibens*. Jörg Magenau bemerkt hierzu, daß Lettau „die meisten seiner Bücher wahrscheinlich einfach weggelassen" hat.[4] Diese Konsequenz liefert dem Einblick Suchenden nur ein schmales Werk. Das Buch *Immer kürzer werdende Geschichten* von 1973 steht exemplarisch für Lettaus reduktiven Stil, bei dem schon der Titel verrät, daß der Autor sich mit seinen Geschichten beständig vermindert.[5]

Lettaus Gesamtwerk umfaßt weit weniger als Tausend Seiten. Für einen renommierten Autor, der im 20. Jahrhundert 66 Jahre alt wurde, ist dies empfindlich wenig. Für manchen Kritiker bedeutet schmal allerdings keinerlei Einschränkungen an inhaltlicher Fülle. „Nachschaun in den Taschenkalendern der vergangenen 40 Jahre, was heute los war? In diesem schmalen Œuvre ist das möglich."[6] Andere Kritiker loben Lettau gerade für sein maßvolles schmales Werk. „Lettau gehörte zu der seltenen Spezies von Autoren, die weder zu viele, noch zu dicke

Bücher schreiben. Er war ein Meister der Reduktion."[7] Hans-Magnus Enzensberger eilte dem notorischen Wenigschreiber schon nach Erscheinen seines zweiten Buches 1963 zu Hilfe, wenn er in einer Rezension zu *Auftritt Manigs* die Frage aufwirft: Seit wann kann man Literatur kiloweise abwiegen?[8] Auch Peter Mohr schreibt in diesem Kontext über das zum Spätwerk gehörende Buch *Flucht vor Gästen*: „Dieses Buch gab dem Leser mehr Denkanstöße und fordert mehr Reflexion als viele 500seitige Epen".[9] Selbst kritischere Stimmen, wie Hubert Spiegel[10] geben sich gemäßigt, zumal er wiederum andere Kritiker zitiert, die Lettaus Schmalwerk sehr schätzen.

> Karl-Heinz Bohrers durchaus anerkennend gemeinte Bemerkung „Reinhard Lettau schreibt ungern mehr als 77 Seiten", 1968 aus Anlaß von Lettaus Erzählband *Feinde* gefallen, stimmte bis zuletzt: *Flucht vor Gästen* übertraf das gesetzte Maß nur um siebzehn Seiten. Daß Urs Widmer bei der Seitenzählung auf der epischen Großform angemesseneren Umfang von 282 kam, hat einen simplen Grund: Da man dieses Buch gewiß dreimal hintereinander läse, meinte Widmer, dürfe man die Seitenzahl getrost mal drei nehmen. Das ist natürlich schwer geschmeichelt, aber doch sehr nett geschmeichelt.[11]

Die Tatsache, daß die Kürze der Bücher immer wieder Erwähnung findet, bewegt Lettau aus Anlaß der Verleihung des Bremer Literaturpreises 1995 zu der Aussage, daß er sich schon lange mit der Beobachtung abgefunden habe, „daß Bücher, die man auszeichnet, schwerer sind als meines, wenn man sie nach Hause trägt."[12] Ungeachtet dieser Aussage wird im großen und ganzen seine Prosa als Aufforderung zur eigenen fortzusetzenden Reflexion verstanden, sicherlich gerade weil sie so rar und schmal ist oder wie Uwe Pralle Lettaus Miniaturen relativiert:

> Ungewohnt leicht und wunderlich fuhren Lettaus Miniaturen in den sechziger Jahren wie Sprösslinge eines fernen Surrealismus in die bundesdeutsche Literaturwelt, die von solchen artistischen Traditionen fast völlig abgeschnitten war – zu graziös und wunderlich schien diese Prosa letztlich, ohne weiteres wie die ernsthaft großen Formen für fä-

hig gehalten zu werden, das Gewicht der Welt zu tragen. Aber dann blieb sie doch auch wieder zu präzise und sardonisch mitten in dieser Welt, um unbeachtet einfach nur auf einen Spielplatz literarischer Kleinformen verwiesen zu werden.[13]

Für sein erstes Buch *Schwierigkeiten beim Häuserbauen* wurde Lettau Anfang der 60er Jahre hochgelobt und weit über die Grenzen Deutschlands gepriesen.[14] Er war gerade 33 Jahre alt, lebte mit Frau und Kindern zeitweise in Hamburg. Zwei Jahre zuvor hatte er bei Bernard Blume in Harvard promoviert. Danach war er beim Smith College in Massachusetts als „Assistant Professor" tätig, wohin er nach mehrjähriger Pause 1964 noch einmal kurz zurückkehrte. Die Texte dieses ersten Bandes waren zumeist alle in deutschsprachigen Tageszeitungen schon vor dem Erscheinen dieser Ausgabe abgedruckt worden.[15] In demselben Jahr, 1962, las der Debütant und international gefeierte Schriftsteller aus einem neuen Buch bei dem Treffen der Gruppe 47 in Berlin, betitelt *Auftritt Manigs*. Sein zweites Buch machte nicht mehr ganz soviel Aufhebens wie das erste.[16] Die Kritik war ihm überwiegend wohlgesonnen.[17] Seine ersten Geschichten sind im Vergleich zu seinem zweiten Buch unbelastet, Zeitgeschichte und Zeitgeschehen betreffend. Die ersten Geschichten sind, wie er selbst einmal sagte, rein „didaktisch". In diesen hat er eine Idee bis zu ihrem Ende sich selbst entwickeln lassen.[18] Bei *Auftritt Manigs* fließt nun Zeitgeschichte schon durch den Protagonisten Manig ein, der, wie Lettau in einem späten Interview preisgab, ein Freund aus Erfurter Schülertagen war.[19] Auch lassen sich in *Auftritt Manigs* schon aufkeimende Gedanken der deutschen Studentenrevolte finden, die sich durch Schlagworte wie: Verbürokratisierung der Menschen, Abrechnen mit der Eltern-Generation als stumme manipulierbare Masse unter dem Hitler-Regime, Verfälschung der Nachrichten durch die Medien, u.a. in Handlung gekleidet offenbaren. Man las *Auftritt Manigs* jedoch vorurteilsfrei, ohne ihm interpretatorische Zwänge aufzuerlegen, und übte sich in gespannter Erwartungshaltung auf Lettaus nächstes Buch. Zwischen 1963 und 1969 liegt allerdings eine lange schriftstellerische Pause, die von Lettaus Politisierung geprägt ist.

Mitte der 60er Jahre aus Amerika zurückkehrend, war Lettau schon vertraut mit dem Gedankengut der in Deutschland erst später aufkommenden aufrührerischen Generation. Die Revolte in Amerika begründete auf einer sehr andersgearteten Motivation als in Deutschland. „The Movement", die Bewegung, wie sie in der Fachliteratur allumgreifend bezeichnet wird, begann mit den „Greensboro 4", die schon 1960 mit einem „lunch-counter-sit-in" den Versuch unternommen hatten, die Unterdrückung der Schwarzen in den USA in das Bewußtsein aller Amerikaner, d.h. nicht nur der betroffenen zu rücken. Diese jungen Farbigen aus Greensboro blieben beharrlich in einer Cafeteria sitzen, obwohl die Bedienung sie wissen ließ, daß sie jegliche schwarze Kundschaft weder bedienen darf noch wird. Die jungen Schwarzen, die ihr Recht auf Gleichbehandlung forderten, sowie diejenigen, die auch Anfang der 60er Jahre mit brutal endenden Busfahrten das gleiche Ziel vor Augen hatten, sollen nur beispielhaft für die vielen Aktionen der Schwarzenbewegung stehen, um den Beginn des „Movement" auf jenem Kontinent zu charakterisieren.[20] In den Medien fanden die Aktivitäten der Schwarzen und ihrer wenigen weißen Mitstreiter selbstverständlich Erwähnung. Allerdings auf einseitige Weise: Die Schwarzen ausnahmslos als chaotisch und bösartig bezeichnend. Dies führte weg von der eigentlichen Problematik: Der totalen Vorherrschaft der Weißen, der hierin wurzelnden Unterdrückung der Schwarzen und deren berechtigten Aufbegehrens. Durch die Verunglimpfung der tatsächlichen Verhältnisse kam die Bewegung an die Universitäten und nahm in der Studentenrevolte mit „Women's Lib", „Peace Movement" und anderen Schattierungen ihren Fortgang.

Lettau befand sich in diesen ersten Jahren der aufkeimenden Revolte noch in den USA und konnte nicht umhin, von diesen Unruhen zu erfahren, an denen er sich zu diesem Zeitpunkt in keiner Weise beteiligte. Wir wissen allerdings, daß es am Smith College in Massachusetts, an dem er während dieser Jahre unterrichtete, eine Gruppe gab, die dem in Deutschland seit 1946 existierenden SDS[21] ähnlich war. Lettau aber beschäftigt sich zu dieser Zeit fast ausschließlich mit Deutschland. Amerika hingegen scheint er bis dahin ähnlich wie in Schülertagen zu verherrlichen.[22]

1964 nach Deutschland zurückkehrend, beobachtete der 1957 in den USA zum Amerikaner gewordene Lettau die deutschen Medien und die sich entwickelnde deutsche Sprache, deren er sich als deutschsprachig bleibender Schriftsteller bediente. Seine Erfahrungen in Amerika erlaubten ihm eine differenziertere Betrachtung und Verwendung der Muttersprache als einem, der Deutschland nie verließ. Mit Entsetzen stellte der 1966/67 sich als Gast in Berlin aufhaltende Lettau fest, daß Presse und Polizei unter einer Decke stecken:

> Lettaus Stellung in der Literaturgeschichte ist dadurch gekennzeichnet, daß er aus der Perspektive seiner amerikanischen Erfahrungen, als er 1965 nach Berlin kommt, glaubte, daß die ihn hier erschreckende ideologische Blockbildung von Presse, Polizei und Pöbel gegen Minderheiten ein Extremfall in der Welt sei und daß er einen deutschen Augenblick der Gefahr erkannte, der aus der Unmittelbarkeit erwuchs, wie diese Blockbildung sozialgeschichtlich zur jüngsten Geschichte stand.[23]

Lettau steigerte sich im Zenith der deutschen Studentenrevolte in seine Kritikerrolle, während er das Thema seiner Abiturientenarbeit von Schloß Bieberstein[24] modifizierend aufgriff. Seine Beobachtungen der Berliner Situation faßt er am 19. April 1967 in einer Rede über die Servilität der Presse vor den Studenten der Berliner FU zusammen. Hier sagt er, bevor er eine Zeitung des Springer-Verlages zerreißt:

> Es ist traurig immer dasselbe sagen zu müssen. Nirgendwo in der Welt außer in West-Berlin ist es ein Geheimnis, daß der Polizeipräsident Duensing hysterisch ist und absichtlich oder unabsichtlich falsche Statements herausgibt, die er nachträglich entweder aus Ignoranz oder Bosheit nicht dementieren läßt. In der ganzen Welt, außer in West-Berlin weiß man, daß die hiesige Presse polizeihörig und servil ist und im Zweifelsfall immer auf der Seite der Autorität steht, anstatt, wie jede andere demokratische Presse, ihrer Verantwortung nachzukommen, die darin bestünde, jede Autorität immer und überall und unentwegt in Frage zu stellen.[25]

Seine Auseinandersetzung mit der Stadt Berlin, und nur mit dieser, ist offensichtlich. Fünf Wochen später erhält Lettau einen Ausweisungsbefehl der Stadt, der allerdings gleich wieder zurückgezogen wird. In der zeitgenössischen Presse wird eine Verbindung zwischen der Rede in der FU und seiner Ausweisung gezogen.[26] Der damalige Innensenator W. Büsch, der (nach eigener Aussage) für die Zurücknahme der Verfügung verantwortlich war, schildert die Begebenheiten rund um die Ausweisung ein wenig anders. Büsch betont, daß ihm bei Antritt seiner Position als Innensenator der Stadt Berlin die Ausweisungsverfügung des Schriftstellers vorlag. Diese wäre damit begründet worden, daß Lettau den regierenden Polizeipräsidenten als „Arschloch" bezeichnet habe. Büsch wies die Ausweisungsverfügung mit seinem Einwand zurück, daß dies eine Äußerung sei, die der Meinungsfreiheit des Individuums unterliege und damit zulässig sei.[27] Die Amerikaner als Besatzungsmacht im geteilten Berlin hätten es lieber gesehen, wenn der amerikanische Staatsbürger Lettau ausgewiesen worden wäre. Für sie stand der Ruf der Amerikaner auf dem Spiel. Sie hätten den Querulanten lieber mit ihrer eigenen Polizei in Schach gehalten. Dazu sollte ihnen später noch Gelegenheit gegeben werden.[28]

Ob nun der Ausweisungsbefehl Grund war oder nicht ändert nichts an der Tatsache, daß Lettau Ende 1967 wieder in die USA zurückkehrt. Dieses Mal sollte es für einen 24jährigen dortigen Verbleib sein. Er nahm den Ruf der kalifornischen Universität in San Diego (UCSD) an und blieb dort bis zu seiner schließlichen Rückkehr nach Deutschland 1991, von häufigen Unterbrechungen abgesehen.

Seine politisch motivierte Rebellionshaltung brachte der knapp 40jährige hinein in das eher konservativ promilitärische Spektrum des südkalifornischen Universitätsklimas.[29] Mit wachem Interesse stellt Lettau zunehmend fest, daß seine Berliner Erfahrungen keineswegs nur auf die deutsche Stadt beschränkt waren.[30] Er nahm aus moralischer Überzeugung an politisch motivierten Aktionen teil[31], die ihn am Anfang seiner amerikanischen Karriere als Universitätsprofessor fast Kopf und Kragen gekostet hätten. Der 1967 zuständige Kanzler McGill versuchte mit Unterstützung eines Mitglieds der UC Regents und gleichzeitigem Gouverneur von Kalifornien, Ronald Reagan, sowie gleichgesinnter Eltern[32], den Neuling schon 1968 fristlos zu entlassen.[33] Gegen Lettau erreichte McGill den Beginn eines Prozesses, der Lettau eine Inhaftierung im Gefängnis von San Diego einbrachte, sowie unbezahlte zeitlich begrenzte Fernhaltung vom Universitätsgelände, und auch auf längere Sicht verweigerte Gehaltserhöhungen.

Verschiedene Erlebnisse, wie beispielsweise der anhaltende Vietnamkrieg, der 1969 durch die Selbstverbrennung des 23jährigen Studenten J.Winnie auf dem Campus unweit Lettaus Büros Hilflosigkeit und Wut gegen die Kriegsmaschinerie freilegte[34], eine Verfügung gegen Angela Davis, die an der Universität in Los Angeles (UCLA) wegen ihrer Anhängerschaft in der kommunistischen Partei Berufsverbot erhalten sollte, u.v.a.m. veranlaßten Lettau an „picket lines" und Blockaden teilzunehmen.[35] So blockierte er bspw. Munitionstransporte oder verhinderte die Anwerbung von Offiziersanwärtern auf dem Campus, um nur einige Aktionen zu nennen. Der Mensch Lettau war überwältigt von dem täglichen Unrecht, das er um sich herum geschehen sah und fühlte sich als politisch verantwortlich handelndes Individuum gefordert. Der Schriftsteller Lettau hatte während dieser Zeit keinen Raum, sich in schriftlicher Form zu äußern.[36]

Mit dem 1969 erscheinenden Buch *Feinde* verändert sich Lettaus Erscheinungsbild im literarischen Umfeld. Den in seinen ersten Geschichten von der Politik Unberührten spaltet ab Mitte der 60er Jahre ein anscheinend unvereinbarer Gegensatz: Der Schriftsteller einerseits, der politisch Aktive andererseits. Die literarische Welt distanziert sich mit den *Feinden* von dem Schriftsteller Lettau. Nicht unerheblich war der Verriß durch „Literaturpapst" Reich-Ranicki, der in *Feinde* außer Strichmännchen-Groteske, Lettau mit Unverständnis als „Antimilitarist mit Zipfelmütze"[37] schilt. Diese negative Kritik beschleunigte zu diesem Zeitpunkt des politischen Tumults, Lettaus vorübergehende Entfernung aus dem Feld der literarisch Wichtigen.

1971 brachte Lettaus weitere Entwicklung das Buch *Täglicher Faschismus* hervor, das, „was selten von der deutschen Kritik goutiert wird, immer stärker dokumentarischen Methoden zugewandt"[38] war. Der *Tägliche Faschismus* besteht aus vielen Zeitungszitaten und wenigen Lettau-Kommentaren. Er erschien zu einer Zeit, in der Schriftstellerkollegen in Deutschland den dortigen Äußerungen aufgrund ihrer eigenen politisch-biographischen Begebenheiten Aufmerksamkeit schenkten. So heißt es in einem an Lettau gerichteten Brief von Heinrich Böll den *Täglichen Faschismus* betreffend: „Das Thema paßt im Augenblick haarscharf für die BRD, weil hier nach meinem Spiegel-Artikel eine regelrechte faschistische Kampagne – nicht nur gegen mich, mehr noch gegen andere angezettelt wurde ...".[39] Herzinger/Stein bezeichnen es sogar als „Kultlektüre des linksradikalen Antiamerikanismus", wenn sie in dem 1995 erschienenen Buch *Endzeit-Propheten* ihn indirekt anläßlich der Veröffentlichung des *Täglichen Faschismus* als Mitanstifter der terroristischen RAF verleumden.

> Anfang der siebziger Jahre trat dieser Kulturschützer mit einem Werk hervor, das zur Kultlektüre des linksradikalen Antiamerikanismus avancierte: In seiner Analyse listete Lettau, ... penibel Indizien auf, die das scheinbar demokratische Amerika des „täglichen Faschismus" überführen sollten. Unter den deutschen Linksradikalen fand dieser Befund begeisterte Aufnahme, konnte doch so der Kampf gegen den amerikanischen Imperialismus als eine Art nachgeholter Widerstand gegen den Nationalsozialismus in Deutschland inszeniert werden. Anarchistische Haschrebellen, maoistische Sektierer und trotzkistische Kapitalkursabsolventen sahen sich dank der von Lettau verbreiteten Theorie nunmehr auf eine moralische Stufe mit antinazistischen Partisanen gestellt.[40]

Und wenig später heißt es: „Wir sind übrigens nicht so albern, Reinhard Lettau für die Gründung der RAF *persönlich* verantwortlich zu machen. Aber es steht doch fest, daß das verdeckte Ressentiment von 1968 im Laufe der siebziger Jahre offen in die nationalistische Propaganda abgekippt ist."[41] Wenn nicht ihn persönlich, so machen sie ihn doch verantwortlich.

Das Gros der Kritiker sieht in Lettau einen Gespaltenen, der politisch und literarisch aktiv ist. Briegleb identifiziert Lettau in seiner Literaturgeschichte[42] bspw. als einen der wenigen Schriftsteller, der Ästhetik und Rebellion miteinander zu verbinden verstand.

> Die 'große' Literaturgeschichte wird viele ... Schriftsteller zu beschreiben haben, die 1966 und 1967 in Westberlin in eine Beziehung zur Revolte getreten sind, ..., auf die kleine Spur in Fühlung zur konkreten Subversion und mit der situationistischen Revolte sind mit literarischen Mitteln die wenigsten gegangen; neben Neuss niemand wie Lettau mit vergleichbarer intellektueller Genauigkeit beim Verbinden

beobachtender und eingreifender Aktivität, bei der „Entfernung von Schreibtischen".[43]

Und auch eine andere Stimme will Lettau nicht auf einen politisch motivierten Linksradikalen festlegen: „Lettau gehörte zu den Vertretern der deutschen Nachkriegsliteratur, denen das Schreiben nicht genug war. Einmischen in gesellschaftliche Vorgänge oder kulturpolitische Auseinandersetzungen zählte für den Literaturwissenschaftler ... zum Selbstverständnis auch als Autor."[44] Lettau selbst charakterisiert seine Gespaltenheit so: "Ich fand immer besser, daß man entweder schreibt oder politisch handelt", hierin einen Hinweis auf seine selbst auferlegten poetischen Keuchheitspausen gebend. Politisch schätzt sich Lettau so ein: „Die politische Auseinandersetzung hat mich sehr nach links getrieben. Anfangs habe ich mich für konservativ gehalten. Mir wurde immer wieder mitgeteilt, daß ich Kommunist sei. Also, habe ich mir gesagt, Kommunist ist man offenbar, wenn man seine Staatsbürgerpflichten ernst nimmt."[45] H.Böttiger sieht in der Fähigkeit der persönlichen Zweiteilung Lettaus Stärke: „Gerade in der Trennung zwischen literarischer Form und politischer Aktion lag seine Sprengkraft. Seine minimalistische Prosa schien quer zu dem pathetischen Sprachduktus der Flugblätter und Versammlungsredner zu liegen."[46] Auch Raddatz sieht in dieser Zweiteilung Lettaus keinerlei Widerspruch und keineswegs einen Radikalen, wie Herzinger/Stein dies tun.

> Ist es ein Widerspruch: der Wortziselierer und der Revoltenbajazzo? Ich glaube nicht. Lettaus Infektion durch die Apo, sein Anti-Amerika-Fieber der Vietnam-Jahre - das hatte wenig mit Revolution und nichts mit Karl Marx (den er nicht kannte) zu tun, aber sehr viel mit Rebellion und noch mehr mit dem Gestus eines Rimbaud (den er kannte). Seine Moral war Ästhetik, sein Aufbegehren edle Geste: die brennende *Bild*-Zeitung[47] in der Hand auf dem Katheder vom Audimax der Berliner FU - gibt es Schöneres?[48]

Dies sei dahingestellt. Man sollte sich jedoch vorsehen, Lettaus politisches Engagement zu verharmlosen und es rein auf eine Ästhetik reduzieren zu wollen. Schließlich wurde er für dieses von den Amerikanern für kurze Zeit in die lebensbedrohliche U-Haft gesteckt.[49] Wie

Raddatz beläßt Pralle Lettau in seiner Zweigespaltenheit, ohne diese zu simplifizieren.

Im Gegensatz zu manchen literarischen Mitstreitern der 68er-Generation ist Lettau nie in Verlegenheit geraten, eine politisch motivierte Abkehr von der Literatur widerrufen zu müssen. Das Spiel und die Revolte seiner Prosa besaßen für ihn stets ihre eigene Evidenz.[50]

Der überwiegende Teil der Kritiker bescheinigt Lettau die Fähigkeit, einerseits ein politisierter Linker zu sein, der doch andererseits Literatur auch ohne Politik schreiben kann.

Während der politisch aktivsten Jahre blieb Lettau in seiner Haltung konsequent. Er handelte politisch und hob sich seine Schriftstellerei für später auf. Lettau gab 1967 das *Handbuch zur Gruppe 47* heraus, 1971 veröffentlichte er den *Täglichen Faschismus* und 1980 die Essaysammlung *Zerstreutes Hinausschaun*, die keine neuen Geschichten, sondern eher eine ästhetische Darlegung seines jahrelangen Schweigens enthält.[51] Die nicht zu vergessenden *Immer kürzer werdenden Geschichten* von 1973 umfassen Lettaus Gesamtwerk bis zu diesem Zeitpunkt, Neuheiten kommen hier fast nicht vor. Die wenigen neuen Texte bestehen aus Gedichten und Porträts, die größtenteils stark politisch gefärbt sind. Die vier genannten Werke gehören nicht ohne weiteres zu Lettaus Prosawerk. Vielmehr sind sie als Quellen zu erkennen, die dem Suchenden einen Einblick in „den anderen Lettau" verschaffen können.

Die ersten 12 kalifornischen Jahre (1967-79) waren die politisch intensivsten - es waren dies auch die Jahre mit Herbert Marcuse. Der Philosoph war Lettaus großes geistiges Vorbild. Er lehrte seit 1965 Politikwissenschaft in San Diego an der selben Universität, wie Lettau ab 1967, UCSD. Der geistige Ausstausch der beiden war intensiv, ihre Freundschaft bis zu Marcuses Tod 1979 ungetrübt. Lettau ging mit Marcuse auf Europareisen. Dies brachte ihm nach Marcuses Tod den Spitznamen „Witwe Marcuse" ein. Marcuse seinerseits saß regelmäßig Lettaus Seminaren bei. In einer Widmung seines 1977 erschienenen Buches *Die Permanenz der Kunst* schreibt Marcuse über Lettau: „Intensive Diskussionen mit ... Reinhard Lettau waren mir eine große Hilfe und große Freude ... Reinhard Lettau (bewährte sich) als Beispiel, daß authentische Literatur (Literatur im Widerstand) heute noch möglich ist."[52]

Im gleichen Jahr (1977), in dem Marcuse diese Widmung schrieb, erschien auch ein neues Buch von Lettau: *Frühstücksgespräche in Miami*. Ehemalige Diktatoren treffen sich zu ausgedehnten Frühstücksgesprächen, bei denen etwas vom verzweifelt absurd-trivialen Gang der Weltgeschichte preisgegeben wird. Ein Jahr später erhielt Lettau den Hörspielpreis der Kriegsblinden dafür.[53] Mit diesem Buch wird Lettau mitunter ein Comeback in die Welt der Literatur bescheinigt.[54]

Der zwei Jahre darauffolgende Tod Marcuses scheint Lettaus neugewonnene Motivation bezüglich seiner Schriftstellerei erneut getrübt zu haben. Dies zeichnet sich in der elfjährigen Pause ab, die nach den *Frühstücksgesprächen in Miami* folgt. Das 1980 erscheinende *Zerstreutes Hinausschaun* spiegelt seine Zerstreutheit wider, die ihn nach dem Tode des väterlichen Freundes befiel. In den in diesem Band vorgelegten Essays verarbeitet er die politischen Jahre und legt auch literaturgeschichtliche Arbeiten vor. Dieses für den Einblick in Lettaus Ästhetik unentbehrliche Buch enthält viele Aufsätze, die dem Leser der 80iger Jahre zum großen Teil durch vorgezogene Publikationen schon bekannt waren.

Sein 11 Jahre nach den *Frühstücksgesprächen* erscheinendes Buch: *Zur Frage der Himmelsrichtungen* bringt Lettau 1988 zurück ins literarische Gespräch. Endlich, so scheint es, konnte Lettau wieder mit den Worten umgehen, ohne daß diese politisch gefärbt waren. Mit dem Erscheinen dieses Buches beweist Lettau das vom Anfang seiner Schriftstellerkarriere bekannte Feingefühl für das Spielerische, das Humorvolle und das Künstlerische.[55] Nicht alle Kritiker waren von diesem wiederum schmalen Buch begeistert[56], dennoch feiert der Schriftsteller wieder Einzug in die Kreise des deutschen Literaturbetriebs.

1991 kehrte Lettau von seinen langen Jahren in den USA zurück nach Deutschland. Er widmete sich nun ganz dem Schreiben und brachte 1994 *Flucht vor Gästen* hervor. Dieses gipfelt im humorvoll Künstlerischen. Die Kritiker waren nun wieder versöhnt, so scheint es, und Lettau bekam 1994 den Bremer Literaturpreis, sowie 1995 den Berliner Literaturpreis. Nachdem der Autor nun nach 16 Jahren zum zweiten Mal von Jurys gefeiert wurde, hätte eine behagliche 'Weiterschreiberei' beginnen können, doch sollte dieses Versöhnungsbuch das letzte in seiner so holperigen Schriftstellerkarriere sein. Er starb am 17. Juni 1996.

Die vorliegende Arbeit beschäftigt sich mit Lettaus zweitem Buch *Auftritt Manigs*. Dieses, so bleibt zu belegen, gilt uns als Wegweiser für Lettaus ganzes Werk, für sein Tun und Nichttun im kulturellen Betrieb, sowie für seinen unwiederbringlichen Platz in der Literatur des 20sten Jahrhunderts, den er mit dem Auftrag an den Leser ausfüllte, immer und überall nach dem Nicht-Offensichtlichen zu fragen. Seine Zickzackschwünge wollen wir in einem historischen Rahmen verstehen, der Lettau geprägt hat, obwohl dies nicht aus seinem Gesamtwerk herausschreit. Wir werden sehen, ob Lettau, der Schriftsteller, der sich angeblich mit Alltagsbanalitäten beschäftigte, mehr zu sagen hatte, als „daß Krieg schlecht, Frieden gut, Liebe herrlich, Tod furchtbar und das Leben schwer"[57] ist.

Fußnoten zu den Vorbemerkungen

1. Jörg Lau „Der Querulant" in: *taz* 18.6.96. (s. Zum Tode)
2. Reinhard Baumgart stimmt in seinem Artikel: „Mit höflicher Wut" in *Die Zeit* vom 25.7.80 Lau zu, wenn er schreibt: „Was so vielen seiner Kollegen mit fast schon stumpfsinniger Leichtigkeit gelingt, das hat der Schriftsteller Reinhard Lettau offenbar nie versucht: ein faßliches Bild von sich in der Öffentlichkeit herzustellen und in der Öffentlichkeit durchzuhalten." (s. *Zerstreutes Hinausschaun*)
3. Reinhard Tschapke „Und der Osten ist die Wahrheit" in: *Die Welt* 18.6.96. (s. Zum Tode)
4. Jörg Magenau „Rückzüge" in: *Wochenpost* 20.6.96. (s. Zum Tode)
5. Ebenso soll Lettaus letzte Geschichte „Waldstück" Zeugnis ablegen für seine radikale Art, sein Werk pausenlos zu verkürzen. Sechs Monate vor seinem Tod umfaßte das zu diesem Zeitpunkt als „Grammercy Park" betitelte Stück 10 Seiten. In seinem Nachlaß fand sich dieser Text als eineinhalbseitiges Fragment wieder. Dieser gekürzte Text ist in dem Buch *Alle Geschichten*, das nach Lettaus Tod publiziert wurde, unter dem Titel *Waldstück* nachzulesen.
6. Uwe Pralle „Ein lächelnder Kafka" in: *NZZ* 19.6.96. (s. Zum Tode)
7. Jörg Magenau „Rückzüge" in: *Wochenpost* 20.6.96. (s. Zum Tode)
8. Die von H.-M. Enzensberger in seinem Aufsatz „Reinhard Lettau *Auftritt Manigs*" in: *Der Spiegel* vom 4.12.1963 aufgeworfene Frage formuliert er als Feststellung, wenn er sagt: „Unwahrscheinlich, daß sich die Vorstellung je entwurzeln ließe, als wäre Literatur kiloweise abzuwiegen, als wögen 600 Seiten zehnmal soviel wie 60." (s. *Auftritt Manigs*)
9. Peter Mohr schreibt in seinem Artikel „Poet, Wissenschaftler und Rebell" in der *Saarbrücker Zeitung* vom 18.6.96: „*Flucht vor Gästen* ist ein Musterbeispiel dafür, daß der Umfang eines literarischen Werkes kein Kriterium für dessen Wert sein kann..." (s. Zum Tode)
10. Hubert Spiegel, „Immer kürzer werdende Geschichten" in: *Frankfurter Allgemeine Zeitung* vom 18.6.96. (s. Zum Tode)
11. ebd.
12. Rede des Preisträgers Reinhard Lettaus aus Anlaß der Verleihung des Bremer Literaturpreises der Rudolf-Alexander-Schröder-Stiftung vom 26.1.95. (s. Werkverzeichnis: II. Artikel)
13. Uwe Pralle „Ein lächelnder Kafka" in: *NZZ* 19.6.96. (s. Zum Tode)
14. Zu den *Schwierigkeiten beim Häuserbauen* gibt es rund 100 Rezensionen, die sich auf internationalem Parkett bewegen. In Spanien, Frankreich, der

Schweiz, Österreich, Holland, England und den U.S.A. lobten die Kritiker sein schriftstellerisches Debüt. Bibliographische Angaben sind im Anhang unter den Buchtiteln zu finden.

15 Das im Hanser Verlag zwei Jahre nach Lettaus Tod erschienene Buch *Alle Geschichten* gibt in den Anmerkungen am Ende des Buches eine Übersicht über die Erstdrucke der einzelnen Geschichten.

16 Dies ist allein schon aus der Anzahl der Rezensionen ersichtlich. Für sein erstes Buch interessierten sich ca. 100 verschiedene Publikationen, sein zweites Buch beschäftigte gerade Mal ein Drittel der Rezensenten.

17 M. Reich-Ranicki schreibt in *Die Zeit* in seinem Artikel „Anders als sonst in Menschenköpfen": „Gewiß: obwohl vierunddreißig Jahre alt, hat er noch nichts für die Unsterblichkeit getan. Aber er zieht schon das zweite Mal herauf, herab und quer und krumm seine Leser an der Nase herum. Und seine Kritiker auch." R.Baumgart schreibt zu *Auftritt Manigs*: Lettau "ist auf dem geradesten, dem auf den ersten Blick konsequentesten Weg weitergegangen. Statt auszuschwärmen in die Breite, ins freie und beliebige Feld des Phantastischen, hat er die Reduktion auf das Notwendigste gewählt." Diese zwei Kritiker sollen exemplarisch für die rund 30 Rezensionen stehen, die zu diesem Werk zu finden sind (s. *Auftritt Manigs*).

18 In *Zerstreutes Hinausschaun* (S.9) schreibt Lettau rückblickend auf die ersten Geschichten: „Was mich früher beim Schreiben glücklich gemacht hatte, war z.B. eine Situation zu erfinden ... und dann, sozusagen vor aller Augen, solche bedeutungslosen, sogar unsinnigen Anfänge sich von selbst entfalten zu lassen, dergestalt, daß ich ihnen mit Anstand und Leichtigkeit wiederum entkam, so daß am Schluß eine Sache ganz vollendet dastand, mit der man allerdings nichts weiter anfangen konnte, als darauf hinzuweisen, daß sie vollendet dastand."

19 Auf J.Magenaus Frage, ob es Manig wirklich gab, antwortet Lettau: „Ja. Manig wohnte über uns. Er war 17 Jahre alt, ich 14. Wir hatten eine Art Salinger-Verhältnis. Wir gingen beide in das „Gymnasium zur Himmelspforte", aber wir wußten nicht, daß wir Freunde waren." Das Interview führte Jörg Magenau am 9.3.93. (s. Allgemeines und Interviews)

20 Eine ausführliche Darstellung der zeitlichen Begebenheiten schildert unter anderen Terry H. Anderson in seinem Buch: *The Movement and the sixties*. (s. Weiterführende Leseliste)

21 Die in den USA gebrauchte Abkürzung „SDS" steht für „Students for a Democratic Society", wohingegen der deutsche SDS als Abkürzung für den „Sozialistischen Deutschen Studentenbund" steht. Durch die gleiche Entsprechung der Abkürzung werden diese zwei Gruppen häufig als austauschbar verstanden.

22 Rückblickend schreibt Lettau: „Ende Dezember 1967 kehrte ich nach fast dreijähriger Abwesenheit in die Vereinigten Staaten zurück ... Ich fand ein verändertes Amerika vor, das ich kaum wiedererkannte." *(Täglicher Faschismus,* S.13) Diese reflektorische Aussage zeigt nicht nur Lettaus eigene Veränderung während der Berliner Jahre. Sie zeigt auch, wie unkritisch er die USA bei früheren Aufenthalten betrachtet hatte.

23 Klaus Briegleb *1968 Literatur in der antiautoritären Bewegung*, S.78. (s. Weiterführende Leseliste)

24 Der Titel von Lettaus Abiturientenarbeit lautet: *Vergleiche des Pressewesens der vier Zonen Deutschlands*. Diese Arbeit wurde auf Schloß Bieberstein als Teil der Abiturszulassung im Januar 1949 eingereicht und ist heute noch dort einsehbar. In ihr beschäftigt sich Lettau mit den unterschiedlichen Darstellungen der gesellschaftlichen und politischen Geschehnisse und versucht die verschiedenen Einflüsse des in vier Mächte geteilten Deutschlands anhand von Zeitungsartikeln zu verdeutlichen. Interessant ist die Tatsache, daß Lettau sowohl in dieser frühen Arbeit 1949, als auch 1967 in seiner Rede vor der Studentenschaft der Berliner FU, und auch zum dritten Mal in seinem Buch *Täglicher Faschismus* Zeitungen auf ihren Wahrheitsgehalt untersucht.

25 Die Rede ist an verschiedenen Stellen abgedruckt worden. Die hier zitierte Version stammt aus *Zerstreutes Hinausschaun* von Lettau, S.93.

26 Vielerorts wird die Rede als Anlaß für die Ausweisung gesehen, da, wie es in dem Ausweisungsbefehl heißt, Lettau „die dort versammelten Studenten gegen die Polizei aufzuhetzen" versuchte. Dies ist bei Briegleb (*1968 - Literatur in der antiautoritären Bewegung*) in dem abgedruckten Ausweisungsbefehl (S.74) nachzulesen. (s. Weiterführende Leseliste)

27 Diese Schilderung stimmt nicht mit denen der zeitgenössischen und auch nicht mit später entstandenen Rückblicken überein, mag aber ohne weiteres einen Blick hinter die Kulissen geben, der durch eine Anfrage meinerseits an den ehemaligen Innensenator W.Büsch im Jahre 1998 von diesem somit bloßgelegt wurde.

28 In seinem Buch *Zerstreutes Hinausschaun* ist nachzulesen, wie die amerikanische Polizei Lettau zu einem späteren Zeitpunkt unter ihre Fittiche bekam.

29 Bezeichnend für die Atmosphäre in Kalifornien soll Lettaus eigene Beschreibung seines neuen Umfeldes stehen: „Die Menschen, die man trifft, sind vorige Woche aus dem Mittelwesten oder den Südstaaten hier eingetroffen... Sie sind hierhergekommen der ewigen Sonne, der angeblich höheren Löhne und des „new way of life" wegen, sie haben einen Filmschauspieler zum Gouverneur gewählt, der ihnen versichert, wie „gut der Krieg für Kalifornien" sei, und wenn sie in San Diego leben, haben sie im Süden den Kriegshafen, aus dem die Schiffe nach Vietnam auslaufen, im Osten riesige Flugfelder

der Luftwaffe, in der „Stadt" selbst und im Norden, von der Größe eines Landkreises, die Ausbildungslager der Marineinfanterie..." usw. In *Täglicher Faschismus*, S.13ff.

30 Eine detaillierte und vergleichende Auseinandersetzung findet sich bei Briegleb in *1968 - Literatur in der antiautoritären Bewegung*, S.80ff. (s. Weiterführende Leseliste)

31 „Er beteiligt sich beispielsweise an der Besetzung des physikalischen Instituts der Universität, ... weil dort an Geheimaufträgen für das Pentagon gearbeitet wird. Er beteiligt sich beispielsweise an einer Aktion, in deren Verlauf ein Munitionszug für den Vietnamkrieg durch in Brand gesetzte Fässer und Bohlen aufgehalten wird." Gisela Elsner in: *rote Blätter* 10/80. (s. *Zerstreutes Hinausschaun*)

32 Im universitätseigenen Archiv an der University of California, San Diego kann in an die UC Regents gerichtete Briefe, Lettaus Verhalten scheltend, Einblick genommen werden.

33 Über McGills Perspektive die Geschehnisse an der kalifornischen Universität betreffend gibt sein eigens über UCSD geschriebenes Buch Auskunft (*The year of the monkey*), in dem er den Namen Lettau nicht erwähnt, wohl aber über ihn schreibt. (s. Weiterführende Leseliste) In einem Interview aus dem Jahre 1996 nennt McGill Lettau auch nicht beim Namen, sondern nimmt mit der unsachlichen Bezeichnung „s.o.b." auf Lettau Bezug. Das Interview führte P.A. Juutilainen 1996 (s. Allgemeines und Interviews).

34 Lettau hatte schon 1966 mit H.-M.Enzensberger, Susan Sontag und P. Weiß während des Treffens der Gruppe 47 ein Teach-in in Princeton veranstaltet, in dem die Beteiligten über den Vietnam-Krieg aufklärten.

35 Reich-Ranicki, sowie auch andere Kritiker (wie bspw. Walter Hinck in der FAZ vom 5.7.1980), schalten Lettau für seine „Sehnsucht nach Barrikaden" und machten diese dafür verantwortlich, daß das Schreiben bei ihm so lange aussetzte. Lettau rechtfertigt sich, indem er auf Reich-Ranickis Einwand folgendes erwidert: „Daß man sich aber engagiert haben könnte, auch gegen die eigene Arbeit, weil man glaubt, daß in der Demokratie jeder eine Verantwortung trägt, auch mit seinem Körper, mit seinen Armen und Beinen abzustimmen, wie sie das gemacht haben, '89 auf der Straße, nicht nur immer schreiben, der Gedanke würde ihm nie kommen." (in einem Gespräch mit Udo Scheer, in Kommune 1/1995, s. Allgemeines und Interviews)

36 Die geschichtlichen Begebenheiten einbeziehend soll ein ausdrucksstarkes Zeugnis aus Lettaus eigener Feder für seine Absage an das Schreiben stehen: „Vorige Woche hat sich, 50 Meter von dieser Schreibmaschine entfernt, ein Student von mir aus Protest gegen den Krieg verbrannt, und was sonst alles noch hier passiert ist weiter passiert, wissen Sie vielleicht. Gegen mich laufen

drei Verfahren, politisch, und ich bin nicht in der Lage, zu arbeiten, bitte verzeihen Sie, den einzigen Satz, den ich im Moment schreiben könnte, wäre der, daß ich nicht schreiben kann und gar kein Verständnis habe für jemanden, der es noch kann, statt zu kämpfen." (in einem Brief vom 18.Mai 1970, abgedruckt in: SWF und Reinhard Lettau an Richard Salis, Privatarchiv)

37 Zuerst abgedruckt in *Der Spiegel* vom 17.03.69.
38 In R. Tschapke: „Und der Osten ist die Wahrheit" in *Die Welt* vom 18.6.96 (s. Zum Tode).
39 In einem Brief von Böll an Lettau vom 30.1.1972. (Privatarchiv)
40 In: Richard Herzinger/Hannes Stein, *Endzeit-Propheten oder die Offensive der Antiwestler*, S.25ff. (s. Weiterführende Leseliste)
41 ebd. S.27
42 Neben der sachlichen Betrachtung von Lettaus Wirken bei Briegleb gibt es durchaus auch ins andere Extrem ausschwärmende Charakterisierungen, wie bspw. von dem „Auch-Schriftsteller" Rolf Schneider, der folgendes über Lettau schreibt: „Er liebte die lockere Kultur des amerikanischen Campus, und dort wurde er dann auch gründlich politisiert, durch den Studentenprotest von 1968. Heraus kam der sanfteste und zerstreuteste Linke, den es je gab." In *Berliner Morgenpost* vom 18.6.1996. (s. Zum Tode)
43 Briegleb, *Gegenwartsliteratur seit 1968*, S.30. (s. Weiterführende Leseliste)
44 „Politischer Kopf" in *Ahlener Volkszeitung* vom 18.6.1996. (s. Zum Tode)
45 Das Gespräch führte Udo Scheer im Januar 1995, abgedruckt wurde es in Kommune 1/95. (s. Allgemeines und Interviews)
46 Helmut Böttiger, „Erlebnis und Dichtung ist zweierlei" in *Frankfurter Rundschau* vom 18.6.1996. (s. Allgemeines und Interviews)
47 Die Zeitung wurde nicht verbrannt, sondern zerrissen - ein besonders in Deutschland nicht unerheblicher Unterschied, historisches Terrain berührend. Eine genaue Beschreibung, sogar mit Photo Lettaus beim Zeitungszerreißen ist bei Briegleb (*1968 - Literatur in der antiautoritären Bewegung*), S.75 zu finden. (s. Weiterführende Leseliste)
48 Fritz J.Raddatz „Skeptiker der Hoffnung" in *Die Zeit* vom 21.6.1996. (s. Zum Tode)
49 Lettaus damalige Frau, Veronique Springer, verschickte anläßlich Lettaus Inhaftierung einen Rundbrief an die Berliner Freunde, der über die Zustände des Gefängnisses Aufschluß gab. Dieser ist im Nachlaß einsehbar. Über Lettaus eigene dokumentarische und interpretatorische Aufarbeitung ist in *Zerstreutes Hinausschaun* nachzulesen.
50 Uwe Pralle „Ein lächelnder Kafka" in: NZZ 19.6.96. (s. Zum Tode)

51 Reinhard Baumgart schreibt am 25.7.1980 in *Die Zeit* über dieses Buch: „Hinter diesem Band steht die Überzeugung seines Autors, daß es, im geläufigen Jargon gesprochen, keine Vermittlung zwischen Kunst und Engagement, daß die „Radikalität eingreifenden Handelns" Sprache bestenfalls benutzen kann, während allein literarische Arbeit, das „im Moment des Schreibens alles ganz neu überprüfende Wahrnehmen", Sprache hervorbringt." Für weitere Rezensionen siehe Anhang unter *Zerstreutes Hinausschaun*.

52 Herbert Marcuse, *Permanenz der Kunst*, Reihe Hanser 206. (s. Weiterführende Leseliste)

53 Die Entscheidung für die Preisvergabe lautete: „Die Exdiktatoren entlarven ihre Mentalität, ihr Weltbild, die Monstrosität der Rollen, die sie gespielt haben, in Dialogen von luzider Prägnanz, die zu Slapsticks aus Sprache werden. Dennoch sind sie von einer bösen Sachlichkeit, die einiges von den Nöten der Dritten Welt und zugleich vom Wirtschaftskolonialismus und seinen Verflechtungen deutlich macht." Die Entscheidung dieser Preisverleihung fiel einstimmig auf Lettau. Dies war in der 30jährigen Geschichte des Hörspielpreises nur einmal zuvor der Fall. (s. *Frühstücksgespräche in Miami*)

54 Dieter E. Zimmer schreibt z.B. in *Die Zeit* vom 14.10.1977: „Welcher Weg von dort aus (gemeint ist das Buch *Täglicher Faschismus* von 1971) in die Literatur zurückführt, war nicht abzusehen; nicht einmal, ob es für Lettau überhaupt einen Weg zurück gäbe. Es gibt ihn. Neun Jahre nach den „Feinden" hat er wieder ein belletristisches Buch geschrieben, und es knüpft motivisch und methodisch an die „Feinde" an, so daß, allen Zäsuren zum Trotz, nun sogar eine Kontinuität von der Militärgeschichte „Kampfpause" des ersten Erzählungsbandes zu dem neuen Buch festgestellt werden kann." (s. *Frühstücksgespräche in Miami*)

55 „Mit leichter Hand hat Lettau wieder einmal sein übles Spiel getrieben", resümiert Martin Lüdke seine Rezension zu diesem Buch in *Die Zeit* vom 24.Juni 1988. (s. *Zur Frage der Himmelsrichtungen*)

56 „Trotzdem rufe ich, daß mich dieser letzte Lettau-Band, in dem einiges Wunderhübsche neben viel Perfekt-Belanglosem steht, ein wenig enttäuscht. Vielleicht hängt das mit dem Ton dieser Skizzen zusammen, der für den Autor zu einem Gefängnis wurde." schreibt Joachim Kaiser in einer Rezension zu dem Band in der *Süddeutschen Zeitung* vom 30.3.1988. (s. *Zur Frage der Himmelsrichtungen*)

57 „Was ich aus Romanen erfahre, ist meist unendlich viel banaler als das, was ich schreibe. Daß Krieg schlecht ist und Frieden gut, Liebe herrlich, Tod furchtbar, daß das Leben schwer ist und so weiter." Dies sagte Lettau in einem Interview mit Jörg Magenau vom 9.4.1993. (s. Allgemeines und Interviews)

I. Kapitel

Hinführende Betrachtungen

A. Fremde Stimmen zu *Auftritt Manigs*

Auftritt Manigs, Lettaus zweites Buch, das er vierunddreißigjährig in Deutschland veröffentlichte, gab den Kritikern 1963 Rätsel auf. Marcel Reich-Ranicki, damals fester Bestandteil der Kritikerriege bei den Treffen der Gruppe 47, schrieb am 13.12.1963 eine Rezension zu *Manig* in „Die ZEIT." Das Buch bestünde allein aus Regieanweisungen, heißt es da, also dem Kleingedruckten eines Theaterstücks, d.h. dem Ausführbaren, aber keineswegs literarisch Wichtigen.

> Der Eigenart dieser Prosa läßt sich mit der Terminologie der traditionellen literarischen Kategorien nicht beikommen, sondern eher mit Begriffen aus dem Bereich der darstellenden Künste: des Theaters und des Kabaretts, des Balletts und der Pantomime und - vor allem - des Films. ... Alle Abschnitte des Buches Auftritt Manigs bestehen, ... aus geheimen Anweisungen-für Regisseure und Schauspieler, Bühnenbildner und Requisiteure, für Pantomimen und Tänzer, für Kameramänner und Beleuchter.[1]

Diese Ausführungen drücken eine eigenartige Hilflosigkeit im Umgang mit der *Manig*-Lektüre aus. Reich-Ranicki streitet diesem literarischen Text die Gattungszugehörigkeit ab, da er ihn auf Regieanweisungen reduziert. Indem er dies tut, nimmt er ihm zugleich seine Existenzberechtigung. Er macht ihn zunichte, bevor er sich einer Auseinandersetzung stellt.

Die damaligen Rezensenten versuchen den Protagonisten Manig repräsentativ als den Menschen schlechthin zu verstehen. So wird Manig „man", also jeder, also auch wir. „Man (oder Manig) kommt an, man sieht sich wieder, man oder Manig verabschiedet sich."[2] oder: „Herr Manig - so heißt Lettaus Jedermann ... ."[3] Außer der Verkörperung des Jedermann wird Manig auch zur Gestalt der Mythen und Märchen. Enzensberger bezeichnet ihn als Däumling, der bleistiftgroß ohne Eigenschaften ist. Auch nennt er ihn ein Strichmännchen, das keineswegs Karikatur, aber doch die Abkürzung eines Dämons ist.[4]

Jost Nolte schrieb in „*Die Welt*"[5], daß dieses Buch nur Strichzeichnungen seien, denen man nicht zuviel Spekulationen zumuten dürfe. Schließlich solle man auf Lettaus nächstes Buch warten. Darauf nämlich, daß er mehr als „nur diese mageren visuellen Geschichtchen" schreiben kann. Nolte wußte nicht, daß diese „mageren Geschichtchen" sich als programmatischer Stil Lettaus herausstellen sollten.

Humbert Fink verurteilt das Buch im Vergleich zu den ein Jahr zuvor erschienenen ersten Geschichten Lettaus, indem er behauptet, daß zweiteres dem ersten nicht gerecht wird. In der Deutschen Rundschau[6] wirft Fink Lettau Monotonie vor, die daraus resultiert, daß man sich nicht 60 Seiten lang über Bewegungsstudien wie: „Ein Herr in voller Ausrüstung betritt das Zimmer. Er lüftet den Hut, und schon hat er sich wesentlich verändert." amüsieren kann. Nun, vielleicht fehlt Fink der nötige Humor. Ein von ihm angestellter Vergleich zwischen *Auftritt Manigs* und einem Roman von Grass muß allein durch die Gattungsverschiedenheit der beiden Texte hinken. Ebenso wie Reich-Ranicki nimmt Fink durch seinen Vergleich eine formale Zuordnung Lettaus *Manigs* vor, die in einer mißratenen Gattungsbetrachtung endet.

Die Beobachtungen, die die Kritiker anstellten, um dem *Auftritt Manigs* nahezukommen, waren vielfältig. Vorgelegte Fragen wie: wer ist Manig, was für ein Erzähler spricht zu uns, wo befinden wir uns, usw. ergaben Antworten, die das Textverständnis nicht erhellten. Im Gegenteil, jedes Stück der 57 Texte begann noch einsamer dazustehen, d.h. bezuglos in einem nicht auszumachenden Gesamttext. Wüßten wir nicht, daß Lettau ein gewissenhafter Erzähler war, der ständig selbstkritisch seine Texte manchmal bis zur Unkenntlichkeit verstümmelte[7], könnten wir annehmen, daß er „schlapierhaft" mit ihnen umgegangen sei, d.h. nicht mit der nötigen Sorgfalt. Da dies nicht sein kann, versuchen wir uns auf *Manigs* Struktur zu konzentrieren. Zur strukturellen Analyse betten wir *Auftritt Manigs* in Lettaus Gesamtwerk ein. Die Fragen, die uns *Manig* näherbringen, beschäftigen sich mit Lettaus Werk allgemein. Ist *Manig* vor- und rückverweisend Mittelpunkt von Lettaus Schaffen? Vermittelt das Buch den Anspruch, wegweisend für

Lettaus ganzes Werk zu sein? Ist die Ausgelassenheit des Frühwerks in *Manig* noch ungetrübt vorzufinden? Sind die späteren politischen Schriften in *Manig* schon angelegt, und wenn, dann wie? Bevor wir uns der Beantwortung dieser Fragen widmen, wollen wir einen kurzen Blick auf Lettaus ästhetische Schriftensammlung *Zerstreutes Hinausschaun* richten. Wir erhoffen uns, dort einen Einblick in seine Erwartungshaltung an den Leser und seine eigene Leseweise literarischer Texte zu gewinnen.

B. Lettaus Stimme

Lettau hat hohe Ansprüche an seinen Leser. Er erwartet von diesem die Bereitschaft mitzulesen, mitzudenken und darüber hinaus hinzuzulesen. Er gefällt sich nicht als einer, der dem Leser präparierte, mundgerechte Stücke präsentiert. Gerade das Ausgesparte, wie er später in *Zerstreutes Hinausschaun (ZH)* schreibt, müsse mitgelesen werden.

> „Aus verschiedenen Gründen, die nicht hierher gehören, suchte..." - Die Negation zwingt den Leser zum blitzschnellen Hinzudenken des Gegenteils des Gesagten, nämlich, daß die Gründe sehr wohl „hierhergehören" können. Indem der Leser die Möglichkeit, daß die Gründe doch „hierhergehören", ergänzend hinzudenken muß, wird bei ihm der Verdacht geweckt, daß sie in der Tat von der Geschichte untrennbar sind. Damit ist der Leser gegenüber dem Ich-Erzähler in eine kritische Distanz getreten, er hört ihm vorsichtiger zu, denn was auf jeden Fall „hierhergehört", ist die Feststellung des Erzählers, daß die Gründe nicht hierhergehören.[8]

Das Gegenteil des Geschriebenen muß hinzugedacht, das Hinzugedachte nicht mehr weggedacht werden.

Beläßt man *Manig* als *Manig*, haben wir die 57 Stückchen[9] schnell gelesen. Doch bleibt der Text dabei undurchsichtig, fast wirr. Es ist eben nicht ein Text wie bspw. Günter Eichs *Maulwürfe*, der strukturell durchaus mit *Manig* vergleichbar wäre.[10] Jener ist jedoch ein Text, den man nach mehrmaligem Lesen verstehen kann, da seine Assoziationsketten durchschaubar werden. Die Stimmen der Kritiker, die *Manig* (1963 und später) als Bewegungsstudie Manigs oder als Regieanweisung von Manig und seiner Welt bezeichnen, haben evt. zu rasch gelesen. In seiner ästhetischen Schriftensammlung *Zerstreutes Hinausschaun* fordert Lettau ausdrücklich zum langsamen Lesen auf.

> Die Unterbrechung (hier ist es ein in Bindestriche geschriebener Einschub) erzwingt beim Schreiben einen weiteren Blick, sozusagen gespannteres Sitzen am Schreibtisch, und sie erzwingt damit auch beim Leser eine kleine Verlangsamung des Lesens, eine Verlangsamung des Wahrnehmens des Materials, mehr Aufmerksamkeit. (*ZH* 187)[11]

Die Struktur von *Manig* fordert uns zum langsamen Lesen auf. Um bewußt mit Pausen zu lesen, könnten wir die 57 individuellen Prosastücke auf Bindestriche, Doppelpunkte, Kommas und andere Satzzeichen hin untersuchen. Auf diese Weise würden wir die Stellen finden, die rein grammatikalisch eine Pause darstellen. Doch scheint es angebrachter, den gesamten *Manig*-Text unter dem Gesichtspunkt der Verlangsamung zu betrachten.

Die 57 Prosastücke provozieren durch ihre individuellen Titel eine ungleiche Zusammengehörigkeit. Der Protagonist Manig - dessen Namen der Gesamttext trägt - bleibt in mehr als der Hälfte der Prosastücke unerwähnt. 26 der 57 Stücke beschäftigen sich mit dem Hauptakteur, 31 hingegen sprechen nicht von ihm. Manig teilt sich sein Buch mit Herren, einem Ich, Hunden, mit militärisch hochrangigen Persönlichkeiten, einmal auch mit Peter Szondi, im übrigen mit namenlosen Männern. Frauen erscheinen nicht. Manig und die anderen Gestalten treten abwechselnd auf, wobei anfangs mehr Manig-Kapitel (1-5), am Ende mehr Nicht-Manig-Kapitel stehen (50-56). Ob nun diese Abwechslung der Personen Beliebigkeit in sich birgt, bleibt vorläufig ungeklärt. Festzustellen ist jedoch, daß die Abwechslung der individuellen Protagonisten in den verschiedenen Stücken uns auffordert, uns Zeit zu nehmen, gleichwohl dem Rat Lettaus zu folgen. Hastiges Lesen führt bei *Manig* zwangsläufig zum Überlesen wichtiger Details.

Aus dem Interview Lettaus mit Jörg Magenau vom 9 .4. 1993 wissen wir nicht nur, daß es einen Menschen namens Manig tatsächlich gab, und wer er war. Wir wissen auch, welches Erlebnis Auslöser für das Buch *Auftritt Manigs* gab.

> Manig wohnte über uns. Er war etwa 17 Jahre alt, ich 14. Wir hatten eine Art Salinger-Verhältnis. Wir gingen beide in das „Gymnasium zur Himmelspforte", aber wir wußten nicht, daß wir Freunde waren. Eines Morgens war ein Haus ausgebombt worden. Eine getötete Frau wurde aus dem Haus geschleift, als wir zur Schule gingen. Da hat Manig zu mir gesagt: Dieser Heldentod wäre nichts für mich. Er war da schon im Einzugsalter und wurde dann auch eingezogen. Ein Jahr später kam der Postbote und dann der Schrei von Frau Manig. - Ich habe nie mehr an ihn gedacht, bis ich an einem heißen Nachmittag in Massachusetts, auf einer Terrasse saß und eine Art Halluzination hatte. Ich dachte, da kommt Manig, war aber zu faul, um aufzustehen. Dann bildete ich mir ein, er sei nur deshalb nicht gekommen, weil ich nicht aufgestanden bin. So entstand mein erster *Manig*-Text. Im Buch ist es das letzte Stück.[12]

Wir wollen Lettau folgen und das letzte Stück (57) als Grundlage unserer Betrachtungen wählen. Es fällt auf, daß in diesem ursprünglich ersten *Manig*- Text viele andere Stücke des Buches, wenn nicht alle – was zu klären ist –, schon angelegt sind. In verschieden geformten Sätzen wird eine Idee (Lettau nennt es auch „Einfall")[13] benannt, die dann in einem eigenen Prosastück didaktisch weiterentwickelt wird. Ähnlich wie bei vielen Kurzgeschichten von Lettaus erstem Buch *Schwierigkeiten beim Häuserbauen* führt die Idee das Material, um schließlich dieses sich selbst entwickeln zu lassen.

> Was mich früher beim Schreiben glücklich gemacht hatte, war z.B. eine Situation zu erfinden: einen Architekten, der einen verwirrenden Garten baut; drei Freunde, die ihre täglichen Ausfahrten in einer Kutsche veranstalten, zwei feindliche Feldmarschälle, die jeder gleich klug sind; -- und dann, sozusagen vor aller Augen, solche bedeutungslosen, sogar unsinnigen Anfänge sich von selbst entfalten zu lassen, dergestalt, daß ich ihnen mit Anstand und Leichtigkeit wiederum entkam, so daß am Schluß eine Sache ganz voll-

endet dastand, mit der man allerdings weiter nichts anfangen konnte, als darauf hinzuweisen, daß sie vollendet dastand. (*ZH* 9ff)

Zunächst gibt es also einen Einfall, der sich weiterspinnt bis ihm nichts mehr abzugewinnen ist. Im folgenden wollen wir uns bemühen, das Buch *Auftritt Manigs* so zu lesen, zu sehen und ihm schreibend zu begegnen, wie Lettau es selbst als Lesender, Sehender und Schreibender empfiehlt.

Stück 57 stellt unseren Ausgangspunkt dar. Wir betrachten dieses Stück als eigenständigen Text. Wir versuchen, den im einzelnen Satz angelegten Einfall zu erobern. Mögliche Parallelen innerhalb der herausgearbeiteten Einfälle wollen wir versuchen zu stilistischen oder thematischen Gruppierungen zusammenzufügen. Die so zusammengefaßten Einfälle verweisen anapherhaft auf sprachlich, inhaltlich, strukturell oder ästhetisch variierte *Manig*-Stücke innerhalb des Gesamttextes. Die hierbei in den Vordergrund tretenden Stücke untersuchen wir richtungsweisend werkimmanent innerhalb Lettaus Gesamtwerk, aus seinem Werk herauszeigend auf mögliche zeitgenössische ästhetische Strömungen und hinsichtlich der für seine Zeit historisch wichtigen Gegebenheiten.

Fußnoten zu Kapitel I

1 M. Reich-Ranicki „Anders als sonst in Menschenköpfen" in *Die Zeit* vom 13.12.1963. (s. *Schwierigkeiten beim Häuserbauen*)
2 ebd.
3 H.-M. Enzensberger in *Der Spiegel* vom 4.12.1963. (s. *Schwierigkeiten beim Häuserbauen*)
4 ebd.
5 J. Nolte in *Die Welt* vom 6.12.1963. Von Nolte stammt auch eine Buchbesprechung des Bandes, den der Deutschlandfunk am 29.11.1963 ausstrahlte.
6 Humbert Fink in *Deutsche Rundschau* No 12/89 vom August 1963. Fink besprach das Buch auch im Bayerischen Rundfunk am 30.9.1963. (s. *Schwierigkeiten beim Häuserbauen*)
7 Das „Waldstück" soll hierfür ein Beispiel sein. Es ist der letzte Text, den wir von Lettau kennen. Er umfaßte 6 Monate vor seinem Tod 10 Seiten, im Nachlaß besteht er nurmehr aus einer und einer halben.
8 *Zerstreutes Hinausschaun*, im folgenden im fortlaufenden Text abgekürzt als ZH, S.187.
9 Das Buch teilen wir in 57 Stücke, die von Lettau nicht numeriert, aber von ihm durch 57 Überschriften voneinander getrennt sind. Im fortlaufenden Text haben wir die 57 Stücke mit den Nummern 1-57 versehen.
10 Ebenso wie Eich könnten Bertolt Brechts *Geschichten von Herrn Keuner* durch die gemeinsame Struktur als vergleichbarer Text untersucht werden. Inhaltlich ist ein solcher Vergleich jedoch uninteressant, da bei Brecht der Inhalt der Form übergeordnet ist, wohingegen bei Lettau die Form den Inhalt strukturiert. Für eine genaue Untersuchung hierzu siehe Kapitel 2 der vorliegenden Arbeit.
11 Wobei dieser Essayband selbst ein Buch ist, das zum langsamen und auch wiederholten Lesen auffordert, wie Paul Stänner in einer Bewertung vom 17.8.1980 im Tagesspiegel schreibt: „Dieser Text gehört zu jener Art Geschichten, von denen man nach dem dritten Lesen weiß, daß man sie noch ein viertes Mal heranziehen wird." (P.Stänner im Tagesspiegel vom 17 Aug.1980)
12 Interview von J. Magenau mit R. Lettau am 9. 4. 1993. (s. *Schwierigkeiten beim Häuserbauen*)
13 Der Begriff „Idee" muß im Lettau-Kontext vorsichtig verwendet werden. In einem späten Interview wehrt sich Lettau vehement gegen diesen Begriff, wenn er sagt: „Ideen besetzen die Welt wie eine Armee das Feindesland. So ähnlich hat es Bloch formuliert. Von William Carlos Williams gibt es eine Ge-

dichtzeile, die lautet: No ideas but in things - es gibt keine Ideen außer in den Dingen. ... Ideen gehören ins Kino oder ins Theater. Ins Parlament übrigens auch. Sie sind subliterarisch. Eine Idee zu haben heißt unfrei zu schreiben."
(Das Interview führte Doja Hacker im Januar 1995, abgedruckt in *Der Spiegel* Nr. 3, Januar 1995, s. Allgemeines und Interviews)

II. Kapitel

Ambivalenz und Ästhetik der Anfänge

In diesem Kapitel nähern wir uns Lettaus Ästhetik, indem wir die philosophisch besetzte Ambivalenz anhand von *Manig*-Stücken beleuchten, und die Hand in Hand mit Lettaus Ästhetik der Anfänge verbunden ist.

A. Beeinflußt Ambivalenz Handeln?

Der erste Satz der Sequenz „Willkommen" (57) schreibt: „Mein lieber Freund Manig steht vor dem Hause, bei einem Busch, auf glattgemähtem Rasen."[1] Wir erfahren aus diesem ersten Satz, daß ein Ich-Erzähler einen Freund Manig hat, über dessen Erscheinen der Erzähler sich freut, weil er ihm wohlgesonnen ist. Dieser liebe Freund Manig, wie es da heißt, steht vor einem Haus auf einem Rasen, auf dem ein Busch wächst oder in einem Blumenkübel plaziert ist. Manig steht, d.h. er bewegt sich nicht. Er steht vor dem Haus, d.h. er erwartet ohne Eile die Bitte einzutreten. Das Haus seinerseits ist ein Anwesen, dem ein Rasen vorgepflanzt ist, welcher glattgemäht, d.h. gepflegt ist.

Der Busch, sowie ein vor dem Haus verharrender Manig, bedeuten uns eine erste Idee, die in „Handlungen Manigs VII" (Stück 8) modifiziert weitergeführt wird. In diesem Stück wird Manig gebeten, an zwei Orte gleichzeitig zu treten. Zum einen zum Gebüsch, zum anderen zum Teich. Die nicht ausgesprochene Bitte des Eintretens in Satz 1 von Stück 57 wird in Text 8 folgendermaßen modifiziert: Manig wird hier höflich zum Handeln aufgefordert. Er reagiert auf die Aufforderung und bewegt sich zunächst zwischen Gebüsch und Teich hin und her, ohne sich entscheiden zu können. Nach einem gescheiterten Versuch, an beiden Orten gleichzeitig zu stehen, hält er die Luft an, macht sich so dünn wie er kann und ruft luftlos: „so nehme er keinem die Luft weg." (*AG* 106) Manigs Handeln, d.h. sein Verharren zwischen den Orten, bedeutet Rückzug der Entscheidungsfindung und resultiert aus einer ambivalenten Haltung, die beiden Orten gerecht werden will.

Die vor dem Buch *Auftritt Manigs* erschienenen frühen Geschichten (*Schwierigkeiten zum Häuserbauen, 1962*)[2] sind unberührt von dieser im achten *Manig*-Stück aufkeimenden Unentschlossenheit. Vor *Manig* wird nicht gezögert. Die frühen Protagonisten stehen nicht vor der Qual der Wahl. Sie sind entscheidungsfreudig, wie bspw. Herr Muck-Bruggenau, der ein neues Kursbuch mit einem nach ihm benannten fiktiven Ort als Mittelpunkt des ganzen Fahrplans erfindet. Seine Erfindung resultiert aus einem festen Vorhaben, dessen Überwachung er selbst nach Vollendung noch vorsteht. „Vorschlägen, diesen Ort eigens zu errichten, widersetzte sich Muck-Bruggenau mit Erfolg" (*AG* 21) heißt es als Ausdruck seiner unbeugsamen Entschlossenheit gegen Ende der Erzählung. Oder Herr Strich, der, durch ein Forschungsvorhaben auf Unregelmäßigkeiten in schon bestehenden Schriften aufmerksam geworden, den Sieg der wahrheitsgetreuen Texte schließlich sogar mit seinem Leben bezahlt, wenn auch ohne Erfolg. „Er werde die Publizierung notfalls mit Waffengewalt erzwingen" (*AG* 50) heißt es, seine unaufhaltsame Entschiedenheit beschwörend. Das Verhalten dieser frühen Protagonisten charakterisiert sich durch Bestimmtheit. Im Gegensatz dazu finden wir in Lettaus Spätwerk *Flucht vor Gästen*[3], erschienen 1994, ähnlich wie bei *Manig* (8), ein Verharren am Ort, das durch mangelnde Entschlußkraft gekennzeichnet ist.

> Wir bleiben hier? fragt der Gast. Es ist die Stärke dieser Entschlußfähigkeit, um die wir ihn beneiden und die uns in unserem Leben, hätten wir sie je aufzubringen vermocht, davor bewahrt hätte, immer wieder in die vorige, üble Richtungslosigkeit zurückzufallen. (*AG* 326)

Diese späte Aussage unterstreicht die 30 Jahre zuvor bei *Manig* vorsichtig anklingende Unentschlossenheit. In *Flucht vor Gästen* wirkt die direkte Auseinandersetzung mit der Unmöglichkeit einer Entscheidungsfindung selbstkritisch. Da auf das Leben zurückgeblickt wird, während die erwähnte Richtungslosigkeit negativ konnotiert wird, läßt sich Bedauern über die Unfähigkeit, zu einer Entscheidung zu kommen, erkennen. Anlaß, diesen Rückblick ironisch zu verstehen, gibt uns diese Szene nicht.

Unentschlossenheit rührt von einer zögernden Haltung, der eine ambivalente Einstellung zugrundeliegt. Ambivalenz hemmt eine zuvor bestehende Entschlossenheit bis diese in vollkommene Unentschlossenheit umschwenkt. Zielstrebiges Handeln wird somit unmöglich.

Zwei andere *Manig*-Stücke sollen Einblick geben, inwiefern Ambivalenz Entschlossenheit einschränkend manipuliert. Stück 20 z.B. beschreibt einen Protagonisten, der vorne und hinten ein Gesicht hat. Zunächst ist das Gesicht auf einer Seite freundlich, auf der anderen eher nicht. Ein kollektives „Wir" erfreut sich zunächst an dem freundlichen, fröhlichen Herrn, bis dieser sich umwendet, um sein unfreundliches Gesicht mit dazu passenden Worten vorzustellen. Einige von „uns" bleiben bei dem unfreundlichen Herrn, der sich schließlich auch zum vergnügten entwickelt. „Man macht uns die Entscheidung schwer, auf beiden Seiten wird mit ihm gesprochen, lauter Heiterkeit." (*AG* 113). Die Heiterkeit soll nicht davon ablenken, daß hier eine Entscheidungsfindung gefragt ist, die bis zum Ende des Textes nicht gefunden wird. Der Mensch repräsentiert durch seine zwei Gesichter, die zunächst verschieden sind, die Vielfältigkeit menschlicher Gebärden und fordert durch sein doppeltes Auftreten zur Entscheidung heraus.[4]

Dieses zwanzigste Stück personifiziert durch den zweigesichtigen Herrn Ambivalenz. Zunächst wird diese als Wesensmerkmal des Menschen verdeutlicht, indem die konträren menschlichen Wesenszüge freundlich/unfreundlich, gesprächig/ungesprächig, attraktiv/ unattraktiv grob vereinfacht als zum Menschen gehörend auf originelle Weise vorgeführt werden. Ablenkend von dem zweigesichtigen Menschen endet der Text mit der Frage nach Entschlußkraft bzw. Entscheidungsfähigkeit. Ambivalenz birgt auch hier Unentschlossenheit, wie der Protagonist Manig in Stück 8 schon verifiziert, in dem er nur an einem Ort stehen kann. Gleichzeitig fordert Ambivalenz zu einer Entschlossenheit auf, wie hier in Stück 20, da „wir" nur einem Gesicht lauschen können.

Bei *„Willkommen und Abschied"* (27) suggeriert schon der Titel Ambivalenz durch zwei einander entgegengesetzte Aufforderungen. Der Text könnte aus dem Theaterstück *Waiting for Godot* von Samuel Bekkett entnommen sein. Es handelt sich um zwei Herren, die über Tage hinweg immer wieder erneut gemeinsam in einem Zimmer stehen. Acht Mal treffen sie in einer Räumlichkeit aufeinander, um sich mitzuteilen, daß die Möglichkeit eines Wiedersehens ungewiß ist. Dieses

Stück könnte unendlich weitergespielt werden. Es hat weder Anfang noch Ende. Es beginnt einfach und endet mit ebensolcher Leichtigkeit. Die fragmentarische Anlage des Stücks beläßt den Leser in einer Unsicherheit, die durch die ungewohnte Freiheit entsteht, das Stück entweder als abgeschlossen oder als unvollendet zu erkennen. Die Beliebigkeit der Leseweise entsteht durch die einander entgegensetzte Aufforderung menschlicher Verhaltensweisen, die der Titel vorschreibt. Der Aufbau des Stücks mutet poetisch an, betrachtet man das sieben mal vorgerückt gedruckte Wort: Zimmer und die Wiederholung der Sätze: „Beide verlassen das Zimmer. Am nächsten Tag stehen die Herren wieder im Zimmer" (AG 117) und die nachfolgenden Zweizeiler, die jeweils aus einem Dialog bestehen. Dieser zweizeilige Dialog variiert als einziger Bestandteil des Textes durch seine Wortwahl. Der restliche Text wiederholt sich mit gleichbleibender Monotonie. Inhaltlich unterscheiden sich die einzelnen Dialoge kaum voneinander. Vorsichtige, Inhalt zurücknehmende Formulierungen bestimmen den Ton.

Stück 20 war ambivalent durch die Vorführung menschlicher Gegensätzlichkeiten, die die Entscheidung für eine Variante erschwerte. Stück 27 betont durch Ambivalenz des Titels ein Verharren in Beliebigkeit, die wiederum die Freiheit ermöglicht, dieses Stück als fragmentarisch zu betrachten, dessen Vollendung durch den Leser geschehen kann, aber nicht muß.

Wenden wir uns erneut Stück 8 zu, um die Ambivalenz des Manigschen Handlungsauftrags in einem historischen Kontext zu illustrieren. Ambivalenz wird im achten Stück regelrecht thematisiert: Manig wird vor die unlösbare Aufgabe gestellt, an zwei Orten gleichzeitig zu stehen. Verstehen wir Manig in diesem Stück als Repräsentanten der Lettau-Generation, rückt das damals aktuelle zeitgeschichtliche Phänomen der Unvereinbarkeit des eigenen Landes in den Mittelpunkt. Erinnern wir uns daran, daß die Teilung Deutschlands in Ost und West am 13.August 1961 durch den Mauerbau für alle Welt sichtbar vollzogen wurde. Lettau wuchs im Osten auf, übersiedelte 1947 mit seinen Eltern von Ost nach West. Ihm vermittelte diese Teilung des Landes ein Gefühl der Unvereinbarkeit der beiden deutschen Staaten, das ihn als jungen Menschen in besonderem Maße beschäftigt hat. Hatte er doch durch die physische Blockade der Mauer den einfachen Zugang zu seiner Heimatstadt verloren, und mußte dennoch die Übersiedlung in den Westen als Entscheidung seiner Eltern akzeptieren.[5] Diese historisch unverrückbaren Tatbestände verstehen wir im Zusammenhang als konkretisierte Ambivalenz.

In Stück 27 erkennen wir eine formale Ambivalenz, da Form und Inhalt voneinander abhängig sind. Der Inhalt ist Mittel zum Zweck, Form zu verdeutlichen, sowie die Form Mittel zum Zweck ist, Inhalt auszudrücken. Das Thema „Willkommen und Abschied" behandelt ein allgemein menschliches, das jedem Menschen im sozialen Umgang täglich begegnet. Die Sprache zeigt sich durch wiederkehrende Wörter und Klänge, durch gleichen Satzbau und sich wiederholenden Gesamtaufbau des Stücks, der wiederum einen wiederkehrenden Rhythmus entwirft. Der Inhalt ist Abschied und Willkommen, die Form ist das gestisch darstellbare Zusammentreffen zweier Herren in einem Zimmer. Form ist auch die Verteilung der Wörter in einer bestimmten Anordnung auf dem Papier.[6] Die widersprüchlich thematische Inhaltsvorgabe (einerseits Abschied, andererseits Willkommen) entspricht nicht der rhythmisch sich wiederholenden Formgebung. Durch ihre gegenseitige Bedingtheit verhalten sich Inhalt und Form ambivalent zueinander. Trotz dieser vorherrschenden Ambivalenz oder gerade deswegen sind Form und Inhalt gleichwertig[7] und vereinen sich in ihrem gemeinsamen Nenner: Sprache.[8] Die Sprache ihrerseits verweist durch ihre wiederkehrende Form zunächst auf sich selbst. Weiterhin deutet sie durch die in sich vereinenden Elemente auf etwas in unserer Welt hin, bspw. alltägliche Ambivalenz, in Stück 27 am Beispiel der Idee des Inhalts: Willkommen und Abschied. Das menschliche Verhalten in diesem Stück beschränkt sich auf die im Titel angegebene sich entgegenstehende Vorgabe. Die Vorgabe ist greifbar, d.h. nicht abstrakt wie bspw. das Warten bei Becketts *Godot*. Die zwei Begriffe, ob ihrer gegensätzlichen Inhalte, erfahren durch das Stück eine Definition ihrer Vielfältigkeit (d.h. Variation), nicht aber eine Zerstörung ihrer Begriffswelt. D.h. die inhaltlich und formal vorzufindende Ambivalenz, die durch das Belassen von Gegensätzen besteht, bewegt sich durch formale Entschlossenheit weg von einer Unentschlossenheit, die rein aus der Beliebigkeit der Variation und der Wortwahl des Dialogs entsteht.

Die ständig präsente, wenn auch verschieden geartete Ambivalenz in den Stücken 8, 20 und 27 verweist auf ein ästhetisches Problem. Es handelt sich um die Erkenntnis der Notwendigkeit von Handeln. Manig bzw. „wir" und die Herren werden in den Texten zum Handeln aufgefordert. Obwohl Manig sich in Text 8 für keinen der beiden ihm zur Wahl stehenden Standpunkte entscheidet, in Stück 20 das kollektive „Wir" nicht ein Gesicht auswählt, und in Stück 27 Form und Idee gleichwertig nebeneinander bestehen, bzw. die Herren unentschlossen ihrer erneuten Gegenüberstellung entgegenblicken, wird in den drei Stücken die Notwendigkeit zu handeln anerkannt, wenn auch dies nicht notwendigerweise eine Entscheidung hervorruft.

Aus der Sicht des Schriftstellers steht dem Handeln ästhetisch gesprochen das Schreiben gegenüber, das sich seinerseits ambivalent zum Handeln verhält. Erwähnenswert sei hier der Beitrag von Gisela Elsner, die 1980 kritisch bemerkt:

> Daß Reinhard Lettau Schreiben und Handeln so strikt mit dem Wörtchen Oder trennt und beides als Alternativen betrachtet, die einander ausschließen, zeugt nicht allein von einer Fehleinschätzung der Literatur, der er die Wirklichkeit nur in einer schwachen Dosis zumuten zu können scheint. Es zeugt auch von einer Fehleinschätzung jener bereits erwähnten politischen Aktionen, die dem engagierten Bürger Lettau ... die Streichung einer Gehaltserhöhung, einen Strafprozeß und eine Gefängnisstrafe eingetragen haben.[9]

Diese Einschätzung von G. Elsner muß, obwohl beim ersten Augenschein berechtigt, bei näherem Hinsehen doch selbst als Fehleinschätzung der Lettauschen Ästhetik verworfen werden, da Lettaus Handeln und Schreiben gerade nicht als sich ausschließende Alternativen bezeichnet werden, sondern das eine ohne das andere gar nicht möglich ist. Bei *Manig* sehen wir dessen Unmöglichkeit einer Lösungsfindung in Stück 8 als Unvereinbarkeit zwischen der Aufforderung zum Handeln und das für den Schreibenden notwendige Verweilen am Schreibtisch. Wie bei *Manig* erfordern beide Lokalitäten die Präsenz des Individuums. Manig verkörpert die spätere Klarheit des Schriftstellers Lettau noch nicht. Im achten *Manig*-Text fällt die Entscheidung der Präferenz von Handeln nur insofern, als die Erkenntnis erlangt wird, daß Handeln notwendig ist. Manig entscheidet sich nicht für die Präsenz an einem Ort. Auch das kollektive „Wir" aus Stück 20 verharrt unentschlossen, sowie die Herren aus Stück 27 immer ohne sichere Zusage auseinandergehen.[10]

Schreiben – als Counterpart von Handeln – steht in einem unlösbaren Spannungsverhältnis zu Handeln, worüber wir in Lettaus *Zerstreutes Hinausschaun* nachlesen können. Der als politisch bewußtes Individuum zu verstehende Schriftsteller ist fortwährend aufgefordert zu handeln.

> Aber von schreiender Unversöhnlichkeit empfand ich die Feindschaft zwischen dem Gegenstand und der Möglichkeit seiner Artikulation, zwischen Leiden und der Darstellung des Leidens, die doch diszipliniertes Verharren am Schreibtisch, sogar eine gewisse Heiterkeit: jedenfalls die Möglichkeit voraussetzte, eingreifendes Handeln zumindest aufzuschieben. Dies war die Konsequenz für mich: daß nämlich die Geschichte gar nicht zum Schreiben aufforderte, sondern zum Handeln, was natürlich keine Entscheidung gegen das Schreiben war, sondern im Gegenteil die ernstere Parteinahme dafür. (ZH 14)

Die Unmöglichkeit, gleichzeitig am Schreibtisch zu sitzen, während die politischen Mißverhältnisse zum Handeln auffordern, wird in *Manig* bildlich verdeutlicht. Die zwei Kontrahenden Schreiben und Handeln sind unvereinbar. Der von Lettau später vollzogene klare Vorzug des Handelns vor dem Schreiben, wie er ihn in seinem Essay „Vom Schreiben über Vorgänge in direkter Nähe oder in der Entfernung von Schreibtischen" fordert, wird in den besprochenen Stücken noch nicht erreicht.[11]

Die Protagonisten in *Manig* ziehen sich nach dem mißglückten Versuch, einen Kompromiß zwischen den beiden zur Präsenz verpflichtenden Lokalitäten zu finden, in ein Vakuum zurück und verharren dort in einer Beobachtungspose. Einerseits durchbricht Lettau diese Pose später, um sich andererseits für Beobachtung und Handeln[12] als Prämisse des Schreibens zu entscheiden.

Die aufgezeigte vielfältige Ambivalenz, die sich in *Manig* beispielhaft an konkreten, formalen und ästhetischen Gesichtspunkten orientiert, erfordert zum einen ein Einhalten bzw. Verschieben hinsichtlich bevorstehender

Entscheidungen. Zum anderen ruft sie den Angesprochenen zur Entscheidungsfindung konkret auf. In *Manig* begreifen die Protagonisten die Voraussetzung der Entscheidungsfindung, indem sie erkennen, daß Handeln notwendig ist. Sie handeln, ohne eine Entscheidung die gestellten Aufgaben betreffend zu erreichen. Ambivalenz ist der Schlüssel zur dargestellten Hin- und Hergerissenheit, die mit *Manig* beginnt. Ambivalente Sichtweisen erlauben Lettau ein antithetisches Bewußtsein, das Gegensätzliches, wie bspw. das für den Schriftsteller ursprünglichste Problem der Verbindung zwischen Schreiben und Handeln, zu einem Ganzen zu vereinen, ohne beide in ihren Eigenheiten vernichtend zu verschmelzen. Ambivalenz heißt also Freiheit, eine Sache im Hinblick auf ihre Gegensätzlichkeiten zu betrachten, um sie als solche belassend zusammenzuführen und sich für ein beides umfassendes Konzept zu entscheiden.[13]

B. Ästhetik der Anfänge

Verzögerung als Stilelement ist ein Element, das dem langsamen Lesen entgegenkommt, es unterstützend begleitet. Es richtet sich gegen eine zielgerichtete Handlungsfolge, ermöglicht somit die von Lettau geforderte freie Entfaltung des Materials.[14] Das absichtslose Erzählen ermöglicht den fragmentarischen Touch, der den Stücken Aktualitätscharakter verleiht. *Manig* veranschaulicht dieses Stilmoment, was im folgenden zu verifizieren sein wird.

Satz 10 von 57 stellt die Frage nach dem Grund der Verzögerung. Im Text: „Handlungen Manigs II" (3) will Manig seinen Nachbarn einladen. Er zögert. Er möchte wohl den Nachbarn einladen, erkennt diesen aber im gleichen Atemzug nicht als seinen Gast an. Die Exposition: „Ich lade Sie ein" (3) bzw. der Einfall von 57: „Er will mich wohl besuchen", wird neunmal variiert und hinterläßt den Eindruck des Zögerlichen. Fünfmal lädt Manig den Nachbarn ein, viermal lädt er ihn wieder aus. Bis wir von der letzten Einladung Manigs lesen, die er gestisch mittels einwärts gebogener Hand mitteilt, haben wir eine Seite Text hinter uns gebracht.

Satz 10 von 57 beschäftigt sich mit dem Grund von Untätigkeit, hierin Unbeweglichkeit befragend, die sich wiederum durch Statik charakterisiert. Stück 3 steht repräsentativ für Statik. Die Verwendung von Licht und das Vokabular verifizieren diese Annahme. Zunächst findet Licht in 3 keine Erwähnung, bis schließlich ganz am Ende dasteht: Im Licht einer entfernten Laterne.(*AG* 103)[15]

Ein kurzer Vergleich zwischen den Stücken 1, 2 und 3 gibt Anlaß zur Vermutung, das Licht beeinflusse Manigs Tatendrang innerhalb dieser drei ersten Stücke. Stück 1 und 2 sind dem Leser im Detail noch gegenwärtig, wenn er bei Stück 3 anlangt. In den ersten beiden Texten gab es viel Licht. Bei 1 scheint das Licht durch das Fenster. In 2 wird Licht verstärkt wie ein Scheinwerfer, nachdem Manig den verdunkelnden Lampenschirm entfernt. Licht scheint für Manig eine Energiequelle zu sein. Er bewegt sich in 1 und 2 schnell und akkurat. Im Gegensatz dazu ist Manig in 3 unbeweglich, verhält sich zögerlich. Die Lichtquelle der „entfernten Laterne" ist zu schwach, als daß sie seinen Tatendrang positiv beeinflussen könnte. Die Entschlußkraft und Bewegungsfreiheit ist in diesen ersten drei *Manig*-Stücken abhängig vom Licht. Eine starke Lichtquelle ermutigt Manig zum Handeln, eine schwache hingegen verlangsamt sein Handeln, seine Beweglichkeit geht verloren.[16] Das verwendete Vokabular von 3 drückt ebenso verlangsamtes Handeln aus, quasi Zeitlupe bis zur Unbeweglichkeit. Die Verben zögern, stehen, umwenden, zurückblicken, unterstützen die durch die Lichtbetrachtung gewonnene Einsicht, daß Manigs Haltung sowohl inhaltlich als auch sprachlich und gestisch zögerlich ist. Sie bilden eine Gegenbewegung zum Titel: „Handlungen", dadurch eine Dynamik fördernd. Manig handelt, nur um Handlung gleich wieder zurückzunehmen; d.h. Verzögerung der schließlich erneuten Einladung ist das Wichtigste, das wir auf dieser Seite Text erfahren.

Ähnlich wie in Stück 3 begegnet uns in Stück 16 ein Herr, dessen Eintreten in einen nicht näher bestimmten Raum durch ein kollektives „Wir" bewertet wird. Sechsmal tritt der Herr ein, wobei die Art seines Eintretens jedes Mal durch Mißfallenskundgebungen seitens des Kollektivs, nennen wir es Publikum, gebrandmarkt, dadurch der Eintretende zum erneuten Eintritt aufgefordert wird. Der sechste Eintritt befriedigt das Publikum, doch zögert es zu lange, bevor es ihn durch den Zuruf „Wiederholung" erneut zum Eintritt auffordert. „Nun haben wir zu lang gezögert", stellt es daraufhin fest. Der Herr ist schon entschwunden. Ähnlich wie in 57 stellt sich in 16 die Frage, warum gezögert wird. Verzögerung ist hier die Möglichkeit zur Wiederholung. Dies ermöglicht ständige Verbesserung bis zur Perfektion. In 16 ist Verzögerung zum Inhalt gewordener Stil.

Ein weiteres Stück, 28, „Ankunft Manigs", ist ebenfalls ein Stück, das sich mit Verzögerung beschäftigt. Hier wartet, wie zuvor, das Kollektiv „wir" auf Manig. Er trifft ein und klopft an, tritt aber nach dem Öffnen der Tür nicht ein. „Warum zögert er?" lautet auch hier die Frage. Beim Weiterlesen erfährt man, daß Manig erst dann tatsächlich angekommen ist, nachdem ein durch zwei Männer unter schwerer Mühe herbeigetragener Stiefel präsent ist. Erst nach der Verzögerung, die durch die Ankunft des herangetragenen Stiefels beendet wird, ist Manig da. Verzögerung ist hier Möglichkeit der Verifizierung des Herrn Manig durch einen Gegenstand: den Stiefel.

Stück 31, betitelt „Richtungen", verweist einen unbestimmten Sprecher „man" bzw. „wir" durch verschiedene Herrn neun Mal in unterschiedliche Richtungen. Beim siebten Herrn zögert das Subjekt, da der wegweisende Herr in zwei verschiedene Richtungen zeigt. Verzögerung drückt hier Mangel an Entscheidungsfreude aus (Stichwort: Ambivalenz), gleichzeitig aber die Möglichkeit, nicht unüberlegt zu handeln, d.h. Verzögerung ist Freiheit zum bedachten Handeln.

Ein letztes Stück, das Verzögerung nicht als Wort aufgreift, doch Manig als Zögernden wahrnimmt und verifiziert ist 38, betitelt „Fortbewegung". Manig bewegt sich, ohne vom Fleck zu kommen. Wir lesen die Schilderung eines auf der Straße eingenommenen Abendessens, während Manigs Anstalten, vorüberzugehen, beobachtet werden. Das tatsächliche Vorübergehen vermindert sich im Laufe der Schilderung zu einer Bewegung. Fortbewegung wird hier durch Verzögerung zur Bewegung ohne Präfix „fort". Verzögerung führt in 38 den Bedeutungswandel eines Wortes herbei und beeinflußt damit einschränkend den Inhalt.

Verzögerung erfüllt in diesen fünf *Manig*-Stücken verschiedene Funktionen: Allen gemeinsam ist die Variation eines Einfalls, die allein durch wiederholte Verzögerung möglich wird. In Text 3 verkörpert Verzögerung eine Absage an zielgerichtetes Handeln. In Text 16 ermöglicht Verzögerung Wiederholung, die ihrerseits stete Erneuerung bis hin zur „Vollendung" bedeutet. Text 28 stellt Verzögerung in den Dienst der Verifizierung; hier einer Person. Verzögerung in 31 ermöglicht Freiheit zum überlegten Handeln. In 38 verändert Verzögerung die Bedeutung eines kleinsten selbständigen Redeteils des Satzes, damit den Inhalt des ganzen Stücks. Die in *Manig* vielfältig angewandte Retardation und deren Funktionen verweist uns auf Lettaus ästhetische Schriftensammlung *Zerstreutes Hinausschaun*, in der sich Lettau kunsttheoretisch mit diesem Stilmoment beschäftigt.

Lettaus Ausführungen zu dem Stilmittel der Verzögerung beginnen mit seinem Anspruch an den Leser, sich durch langsames, hinzudenkendes Lesen einem Text zu nähern. In veränderter Form fordert er dies auch vom Schreibenden, der zum bewußten und hierin verzögerten Verfassen einer literarischen Arbeit angehalten wird.

Das dramatische Moment der Retardation bedeutet Spannung, die eine andere Konfliktlösung im Entwicklungsgang der Handlung aufwirft. Verzögerung ist im dramatischen Handlungsgefüge Wegführung vom schon erahnten Ziel. Dies adaptierend, wendet sich Lettau gegen zielgerichtetes Schreiben. Zielgerichtetheit[17] heißt sofortige Niederlegung momentan erlebter Begebenheiten, das bei Lettau folgendes hervorruft:

> Ekel vor der sofortigen Überführung von Erlebnis in Dichtung. Geht dem Schreiben über sich selbst nicht die Ernennung jedweder Erlebnisse zum Stoff dieses Schreibens voraus? Und wenn das so ist - und es spricht vieles dafür, daß es so ist -, dann entsteht doch gegenüber den Beobachtungen ein sozusagen berufliches, beschränktes Lebensverhalten, das sich in alle unschuldigen Vorgänge verwertend einzufädeln versucht, in den beginnenden Beobachtungen die literarische Umsetzung antizipiert, wie der kluge Kaufmann beim Anblick der Ware sich etwas erhofft. Jedoch verfälscht der vorwegnehmende Blick des Erlebnis-

dichters das ins Auge gefaßte Erlebnis. Die Wahr-nehmung braucht den zerstreuten, erinnerungslosen Blick ohne Absicht. (ZH 18)

Am Beispiel Hermlin erarbeitet Lettau eine Ästhetik der Stille, die den Verfasser literarischer Texte auffordert, erst dann etwas Erlebtes und zwar erinnernd niederzuschreiben, wenn die Person, die es durchlebt, historischen Abstand dazu hat. Hermlin hatte nach längerem Schweigen ein Buch, *Abendlicht* (1980) geschrieben und veröffentlicht. Diese verzögerte schriftliche Niederlegung von zuvor Erlebtem beansprucht eine eigens für das Schreiben erinnerte Wahrnehmung des zuvor Erlebten. Diese durch Verzögerung ermöglichte erinnernde Wahrnehmung läßt das Material „unbewertet", es kann sich ungehindert entfalten und verleiht ihm Authentizität. Lettau nennt dies „erinnertes Wahrnehmen anläßlich des Schreibens"(ZH 219). Hermlin erreicht dies durch Schweigen bzw. verzögertes Aufschreiben. Schreiben bezeichnet Lettau im Zusammenhang mit Hermlin als Kampf zwischen eigenem Leiden und seiner Artikulation.

> Diese jedem Schriftsteller bekannte Feindschaft zwischen eigenem Leiden und seiner Artikulation läßt sich durch keine handwerklichen Manöver, sondern nur durch Aufgabe des Schreibens beantworten. Nur durch Setzung solcher Prioritäten kann die Literatur vor Lüge bewahrt werden: Da doch zum Beispiel schon der Entschluß, eine Sache um des Schreibens willen zu beobachten, diese Sache (das heißt Menschen) verfälscht, also erniedrigt. Die antizipierende Beobachtung führt zu einem lediglich professionellen Lebensverhalten, das sich in jedes Ereignis verwertend einzufädeln versucht. (ZH 218)

Das Erinnerte sollte handelnd erlebt worden sein und im Jetzt und Heute erneut gesehen, mit dem Blickwinkel der Gegenwart aufgeschrieben werden. Kommerziell, unfrei, unwahr und erniedrigend verurteilt Lettau den heute immer üblicher werdenden Usus des schreibenden Erlebens. Weichen doch viele moderne Schriftsteller dem heutigen Konkurrenzdruck und Zwang der Veröffentlichung, indem sie vollends unreflektiert persönliche Tagebücher und Erlebnisromane (z. B. A. Hennig v. Lange) als Literatur herausgeben. Beispielhaft dafür sei die Zahl der im Herbst jeden Jahres auf der Frankfurter Buchmesse neu erscheinenden belletristischen Bücher: 70.000, Tendenz steigend.

Zielgerichtetheit ist heute nicht nur in der Dichtung, sondern schon zuvor im eigentlichen Erleben entscheidender Faktor des Wahrnehmens, wie Lettau schon 1979 in seinem Aufsatz „Vom Schreiben über Vorgänge in direkter Nähe oder in der Entfernung von Schreibtischen" klar aussprach. Photomechanische und videotechnische Aufzeichnungen des Erlebens entziehen der Möglichkeit des tatsächlichen Wahrnehmens die wahre Grundlage. Dies legt nahe, daß das heutige Leben noch extremer als das früherer Generationen auf kommerziellen, also niederen Beweggründen aufbaut, dem tatsächlichen Erleben dadurch entzogen wird.

Die heilsame Verzögerung, die beispielsweise bewußteres bzw. wirklicheres Erleben ermöglicht, die ihrerseits durch Reflektion, Freiheit zum Handeln läßt, die weiterhin durch Wiederholung Verbesserung zuläßt, wird aus dem modernen Leben und Schreiben entfernt, hierin Raum für tatsächliche Wahrnehmung zerstörend. Verzögerung ist im heutigen Zeitalter, in dem das Motto „Zeit ist Geld" immer größer geschrieben wird, nicht mehr tragbar, im Jargon der Wirtschaft sprechend, zu kostspielig.

Die fünf besprochenen *Manig*-Texte können aufgrund ihrer ausdrücklich dargestellten Retardation beispielhaft für Lettaus Präferenz des absichtslosen Erzählens gelesen werden. Absichtsloses Erzählen heißt für Lettau im übertragenen Sinne „zerstreutes Hin(aus)schaun", das wiederum eine von Kafka adaptierte Art des unbeabsichtigten Wahrnehmens ist. Lettaus Ideal einer ästhetisch gelungenen Prosa beinhaltet: „Ein absichtsloses Erzählen, aus dem Sinn und Fabel sich nicht entwickeln wollen, ein Erzähler, der erfahrungslos immer wieder neu anfängt." (ZH 195) Ständiger Neuanfang, personifiziert durch Manig in Stück 28, ist ein ambivalentes Stilelement, das Lettau programmatisch seinem Schreiben voranstellt. Ambivalent hinsichtlich der Unmöglichkeit, dieses hochgesteckte Ziel zu erreichen, denn welcher Mensch könnte seine Vergangenheit, die durchlebten Erfahrungen und das schon angereicherte Wissen mit einem Handstreich beiseite schieben und sich schreibend als bei Null anfangend bezeichnen. Was in der Kunst zählt, ist der Versuch.[18]

„Am schönsten in der Kunst sind die Anfänge. Nach den Anfängen kommt immer gleich das Ende." (*ZH* 5) Dieses Picasso-Zitat stellt Lettau an den Anfang seiner ästhetischen Ausführungen *Zerstreutes Hinausschaun*. Anfänge stehen als Repräsentanten des unbeabsichtigten, erfahrungslosen Schreibens. Nach den Anfängen beginnt der reflektorische Teil einer Erzählung, der Lettau in *Manig* ausweicht. Er gibt dem 57ten Stück reichlich „Ideen", die er expositorisch in den übrigen 56 Texten ausbaut. Die fünf besprochenen Texte stehen exemplarisch für das Verharren im Anfang. Sie verifizieren insofern das Picasso-Zitat, demzufolge das Ende nach einer Verzögerung des Anfangs folgt. Spielerisch vervielfältigt Lettau in den besprochenen Stücken die „Idee": „Ich lade Sie ein", indem er seiner Maxime der Retardation treu bleibt. Der Protagonist Manig verifiziert das Stilmoment der Verzögerung, indem er bildlich darstellt, was Zögern bedeutet. Diese szenische Verifizierung der Verzögerung belegt Lettaus konsequente Haltung zwischen ästhetischer Theorie und eigener literarischer Praxis. Durch die Verwendung der Verzögerung in den gelesenen Stücken entsteht ein Aktualitätsbezug gegen den Zeitgeist der schnellen und kurzlebigen Befriedigung.

Fußnoten zu Kapitel II

1 *Alle Geschichten*, S.134. Im fortlaufenden Text mit nachstehender Seitenzahl aus dieser Ausgabe zitiert und als *AG* abgekürzt.

2 Im fortlaufenden Text aus dem Buch *Alle Geschichten* zitiert und als *AG* abgekürzt.

3 Im fortlaufenden Text mit nachstehender Seitenzahl aus *AG* zitiert.

4 Interessant ist in diesem Zusammenhang Lettaus Ausspruch: „Der Mensch als Ganzes ist mir vollkommen unbekannt." Dies sagte Lettau in einem Interview mit J. Magenau vom 9.4.93. Fast entschuldigend wirkt dieser Ausspruch Lettaus hinsichtlich seiner Betrachtung des Menschen schlechthin. Für psychologisierende Betrachtungen wäre an dieser Stelle ein idealer Ausgangspunkt. Wir wollen auf Kapitel III der vorliegenden Arbeit hinweisen, in dem wir uns mit Lettaus Bild des Menschen auseinandersetzen.

5 In jüngster Zeit bemüht sich ein Forscher, der an der Hermann-Lietz-Schule in Hofbieber tätig ist, Lettau als Opfer deutsch-deutscher Verhältnisse zu begreifen.

6 Lettaus *Manig* lehnt sich an die Formen der Konkreten Poesie an: „die konstellation ist die einfachste gestaltungsmöglichkeit der auf dem wort beruhenden dichtung. sie umfaßt eine gruppe von worten - wie sie eine gruppe von sternen umfaßt und zum sternbild wird. In ihr sind zwei, drei oder mehr, neben- oder untereinandergesetzten worten - es werden nicht zu viele sein - eine gedanklich-stoffliche beziehung gegeben. Und das ist alles!" So schreibt Eugen Gomringer in einem theoretischen Text zur Konkreten Poesie. (reclam, S.157) Wir wollen nun nicht behaupten, daß Lettaus *Manig*-Stück 27 das Gedicht eines Autors der Konkreten Poesie ist, doch läßt sich eine gewisse Anlehnung an die Gedanken dieser Gedichteschreiber nicht leugnen.

7 Diese Überlegung wirft die Frage auf, ob Gleichwertigkeit von Form und Inhalt das Konzept der l'art pour l'art ausschaltet. Wenn dies so ist, wäre weiter zu fragen, ob es das beabsichtigt. Ambivalenz von Form und Inhalt ist ein nahezu ständig auftretendes Phänomen in der Kunst, daher wäre die Gleichwertigkeit der beiden Pole keineswegs eine Aufhebung des ein oder anderen. Allein diese Schlußfolgerung wäre irrig. Bestehen bleibt die Ungewißheit, ob die Kunst um der Kunst willen aufrechterhalten werden kann, wenn Form und Inhalt gleichwertig sind.

8 Sprache wäre also bei Lettau als synthetisches Element zu verstehen, das bei Hegel logisch auf These und Antithese folgt.

9 Gisela Elsner. „Aktionen und Literatur mit einer schwachen Dosis Wirklichkeit." *rote blätter* 10/80 (s. *Zerstreutes Hinausschaun*)

10   Die klare Präferenz des Handelns entwickelt sich bei Lettau Ende der 60er Jahre und bewahrt sich bis zum Ende seiner Tage. So begegnet Lettau der Frage nach dem Reisen mit einer Antwort über das Handeln: „Der Tourismus ist die Pest unseres Jahrhunderts. Der Schritt vom normalen Arbeitsleben zum Voyeurismus, zur Nichttätigkeit, zum Nichthandeln." (In einem Interview mit Frank Quilitsch in der *Wochenpost* vom 8.12.94) Dies bestätigt Lettaus Handlungspräferenz selbst 25 Jahre nach seiner politisch wichtigsten Zeit.

11   Eine Charakterisierung Marcuses wäre in diesem Zusammenhang durchaus auf auf Lettau übertragbar: Er „war nicht nur ein engagierter Intellektueller. Für ihn bestand Intellektualität darin, das Zentrum der gesellschaftlichen Widersprüche zu erfassen und als Intellektueller zu handeln, in die Öffentlichkeit zu treten" (D. Claussen in: „Politik und Ästhetik am Ende der Industriegesellschaft" Sonderheft September 1989, *Tüte* (Tübingen) S. 45, s. Weiterführende Leseliste)

12   Der Einwand, daß Beobachten selbstverständlich zum Schreiben dazugehört stimmt für Lettau nur insoweit, als daß er nicht der voyeuristische Beobachter bleibt, der das Handeln Dritter beobachtet, sondern für ihn gehört Beobachten zum Handeln, um später mit historischem Abstand den Gegenstand erinnernd neu zu erobern.
(s.a. ZH 222)

13   Wir gehen davon aus, daß das Abstraktionsvermögen des Individuums so weit gereift ist, daß ein solches Konzept möglich ist.

14   An dieser Stelle möchten wir auf Kapitel I der vorliegenden Arbeit verweisen, in dem wir uns mit der freien Entfaltung des Materials befassen.

15   Im Theater spielen Licht, Lichteinfall, Dunkel eine große Rolle. Bei näherer Betrachtung der Aufgabe des Lichts werden die Aussagen verschiedener Kritiker, die *Manig* als „Regieanweisungen" lesen, verständlicher. Allerdings verrät sich hierin auch eine Scheuklappenleseweise, da sie ihr Urteil über *Manig* allein auf diese Teilbetrachtung stützen.

16   Lettau selbst brauchte Licht. Er unterließ es zwar nicht, die Fenster seines Büros an der Universität in La Jolla bis zur völligen Verdunkelung mit Alufolie zu verkleben, doch sein von Krankheit gezeichneter Körper profitierte von der immer wiederkehrenden kalifornischen Sonne.

17   Noch in den letzten Jahren seiner Professorentage in San Diego stellte Lettau häufig mit völligem Unverständnis die Frage in den Raum: Was ist Action? Er erhoffte sich von seinen Studenten eine Antwort. Die Zielgerichtetheit, die diesem Begriff innewohnt, war der insbesondere im Film eingebettete Charakter der Handlungen, die Lettau als fragwürdig erachtete. Ihm kam es vielmehr auf das wie, d.h. die Darstellung der Handlung an, die der Mög-

lichkeit des Hinzudenkens freien Raum beläßt. Auch vom Schreibenden forderte er die Freiheit, das Material sich selbst entwickeln zu lassen und nicht von vornherein einen abgesteckten Erzählrahmen zu entwickeln, in den hinein dann ein Text gepreßt würde. „Ziellosigkeit der Handlungsabläufe bei gleichzeitiger Genauigkeit der Detailbeobachtung sind typisch" (*ZH* 195) für Lettaus Erzählhaltung.

18   Vergleich *Manig*-Stück 13: Der Auftraggeber lehnt zwei Herren ab, die Manig als Unterstützung holte. Die Herren sind bereit und willens, aber ihre Vorstellung wird vom Auftraggeber als ungenügend erachtet, die Unterstützung wird dadurch fortgeschickt. Der Wille ist nicht ausreichend, um in der „kommerziellen" Welt einen Platz zu sichern.

III. Kapitel

Gäste und Feinde

A. „Der Mensch als Ganzes ist mir vollkommen unbekannt."

Der Gast reicht weit: vor und zurück.

Dieses Kapitel beschäftigt sich mit inhaltlichen Komponenten von Lettaus Prosa. Die auffälligsten sind Gäste und Feinde, die in den folgenden Ausführungen detailliert betrachtet werden.

Der zweite Satz von 57: „Er will mich wohl besuchen", klingt in Stück 19 an, wenn Manig einen kurzen Besuch abstattet. „Er kommt beim Haus an", sowie er in 57 vor dem Haus steht. Er findet nun eine aus zwei Herren bestehende Gesellschaft vor, die er scheu, aus sicherer Entfernung betrachtet, um dann von seiner Warte aus die Umkehr gegenüber einem Eintritt zu bevorzugen.

Das Thema des Besuchs eines Gastes kehrt im Gesamtwerk Lettaus häufig wieder. Schon in den *Schwierigkeiten zum Häuserbauen* zählen wir vier Geschichten[1], in denen das Thema vordergründig aufgenommen wird. Andere Texte dieses Buches bezeichnen Gäste nicht explizit als Protago-nisten, jedoch spielen diese peripher eine wichtige Rolle. Es fällt auf, daß Lettau im Frühwerk (*SH*) Gäste wohlwollend betrachtet, Feste unvorein-genommen gefeiert werden, die Stimmung ausgelassen ist. Denken wir an die amüsante Geschichte der Witwe Saatmantel, die zu Sommergewittern einlädt.

> Der Verdacht läßt sich nicht unterdrücken, daß die Witwe Saatmantel in vorgängiger Kenntnis der Vertrautheiten und Sensationen, zu denen ein Naturereignis immer eine Gruppe von Menschen vereint - daß die Witwe, eine lebenslustige, wenngleich etwas seltsame Dame, gerade in Vorhersicht solcher allgemeinen, versöhnlichen Gestimmtheit zu Sommergewittern einlädt. (*AG* 35)

Die ausgelassene versöhnliche Stimmung trübt sich im Laufe von Lettaus Leben. Bei *Manig* bestimmen Trägheit und eine als ungewollt empfundene Verpflichtung die Verzögerung der Einladung. „Ich dachte, da kommt Manig, war aber zu faul aufzustehen. Dann bildete ich mir ein, er sei nur deshalb nicht gekommen, weil ich nicht aufgestanden bin."[2] Und: „Erwartet er ernstlich, daß ich mich erhebe, den Stuhl nach hinten rückend die Arme ausbreite und ihm zurufe: Willkommen, lieber Manig? Durfte er, ehe er kam, erwarten, ich sähe ihn zuerst?" (Stück 57) Bei Lettaus letztem Buch gipfelt die trübe Stimmung schon im Titel: *Flucht vor Gästen*, so heißt das letzterschienene Werk. D.h. Gäste können kommen, aber der Gastgeber befindet sich vor ihnen auf dem Rückzug.

Die angesprochene Szene von 19 bietet einen Vergleich mit einer Textstelle aus Lettaus *Flucht vor Gästen* an. Lettau beschreibt in dem späten Werk eine ähnliche Szene wie in dem 19. *Manig*-Stück. Lettau, der in diesem letzten Buch selbst Protagonist ist, beobachtet auf seinem Nachhauseweg einen Gast, der in seinem Garten „herumwütet".

> ... wir ... fanden aber zu unserem Entsetzen, als hinter der scharfen, den Cachara Drive steil emporführenden Kurve unser Haus in Sicht kam ... , daß ... zwei Fremde, die wir erst nach längerer Beobachtung durch's Feldglas als neblig vergessene Bekannte ausmachten, die uns schon einmal auf ihrer Amerikareise mit einem Besuch überrascht hatten: daß also zwei fremde Menschen in unserem Garten arbeiteten. (*AG* 364)

Lettau - gleich seinem Protagonisten Manig - kehrt um, verläßt die Route und flüchtet von seinem eigenen Haus, nur um den ungebetenen Gästen, die sich ungefragt in seinem Garten zu schaffen machen, nicht zu begegnen. Gästeflucht, Menschenflucht - ein Thema, das durch Manigs Verweilen beim Busch und durch sein Nicht-Eintreten eine beginnende Scheu vor Menschen ausdrückt. Diese läßt sich 30 Jahre lang mit unterschiedlicher Intensität, dennoch kontinuierlich in Lettaus Werk finden.

Menschenflucht berührt einen der großen Widersprüche bei Lettau. Widerspruch deshalb, weil Lettau Menschen suchte, sie zu sich einlud, ihre Nähe für ihn lebensnotwendig war, obwohl er ihnen gleichzeitig mißtraute und sich freiwillig vor ihnen zurückzog. „... ähnlich wie (Heiner) Müller war Lettau im Grunde seines Herzens kein naiver Moralist, sondern ein zum Zynismus neigender Misanthrop."[3] Diese durch Hans-Christoph Buch vorgetragene Beurteilung Lettaus verzerrt seinen Charakter, ohne den zeitlebens vor den Menschen sich zurückziehenden Schriftsteller zu erkennen. Mit steigendem Alter verstärkt sich der Wunsch nach Flucht. Jeden, der ihn an seinem Rückzug hindert, greift Lettau an. So kann das Bild eines Misanthropen entstehen, obgleich es sich eher um einen Flüchtenden handelt. Ein letzter Text Lettaus, geschrieben für das *Rübezahl-Leporello* der Rixdorfer Künstlergruppe, den diese als großbedrucktes Tuch über seinen Sarg legten, bringt Lettaus Menschenscheu auf den Punkt:

> Warum ich viele 100 Jahre lang im Berg geblieben bin,
> Weils dort so still und friedlich ist,
> es kommen keine Leute hin,
> Es kann nicht anders sein
> frei ist man nur allein.[4]

Dieser auf Lettau selbst übertragbare Rückzug vor dem Menschen ist bei *Manig* im Text 19 schon deutlich sichtbar. Manig flüchtet vor der Gesellschaft, obwohl dieser Text die Überschrift: *Kurzer Besuch* trägt. Da er vor der Gesellschaft flieht, bevor er von dieser wahrgenommen wird, handelt es sich um einen einseitigen Besuch aus der Sicht Manigs. Er sieht die Gesellschaft, kehrt um und flüchtet unbemerkt, wird somit nicht Gast.

Ein anderes Stück, 29, betitelt: *Gäste* (AG 118), definiert klar den Gast sowie auch sein Gegenteil, den 'Nicht-Gast'. Durch die Art und Weise ihres Eintretens erfahren wir von Manig, wie diese zwei gegensätzlichen Typen sich durch ihr eigenes Verhalten positiv oder negativ definieren. Das in vier Absätze aufgeteilte Stück beschreibt drei Gäste und einen Nicht-Gast. Die Anapher „es klopft" steht leicht variiert zu Beginn eines jeden Absatzes. Die Feststellung „wir betrachten den Gast" beschließt die ersten drei Absätze, wohingegen der vierte mit „wir rücken zusammen" endet.

Der erste Gast zeichnet sich durch Höflichkeit, der zweite durch Lebendigkeit, der dritte durch Tanz aus. Alle drei warten auf Zuweisung ihres Platzes. Neben den ersten beiden nimmt Manig Aufstellung, um den anvisierten Platz zu finden, mit dem dritten umkreist Manig den bestimmten Platz, bis jener dort „niederfällt".

Der vierte Absatz beschreibt den Gast, der von Manig als „Kein Gast" vorgestellt wird. Er wird von dem kollektiven „Wir" nicht betrachtet - ungleich den drei Gästen zuvor -, sondern von der schon sitzenden Gesellschaft ausgeschlossen, indem diese „zusammenrückt". Dieser vierte Herr steht zunächst gebückt unter der Tür. Er tritt nicht ein, sondern duckt sich an Manig vorbei, um mit diesem gemeinsam die Tür zu schließen. Hierdurch findet ein Einmischen in die Domäne des Hausherrn Manig statt, der bei den vorherigen Gästen allein die Tür schloß. Der Nicht-Gast humpelt durch den Raum und nimmt unaufgefordert einen Stuhl, auf den er sich breitbeinig niederläßt und „sinnt". Ihn unterscheidet von den drei vorherigen Herrn, daß er nicht nach den Regeln der Gastgeber- bzw. Gästerolle spielt. Er schließt die Tür, sowie er sich eigenständig einen Stuhl sucht, ohne auf die Zuweisung dessen zu warten. Nachdem er sitzt, sinnt er, statt sich der Gesellschaft zu widmen.

Der Nicht-Gast hat Ähnlichkeit mit den unzivilisiert auftretenden deutschen Ausfüglern, die Lettau in *Deutschland als Ausland* beschreibt.

> Deutschland erlebt man als Ausland, beim Versuch, in einem Restaurant zu essen. ... wir ... beobachten nun die Auswahl des Tisches durch eine das Lokal betretende Personengruppe. Zunächst ist es erschreckend, daß diese nicht etwa bei der Tür verharrt, um von dort eine ruhige Auswahl zu treffen. Vielmehr dringt die Gruppe gleich weit in das Restaurant vor und unternimmt dann unruhige Vorstöße in mehrere Richtungen zugleich, wobei leere Tische sozusagen versuchsweise von einzelnen Mitgliedern der Gruppe besetzt, schlampig wieder aufgegeben werden, da schamlose Zurufe, dirigierendes Winken mit Knirpsen, Handtaschen der anderen, die oft sogar schon sitzen, sie zu Tischen rufen, an denen man sich sicherer fühlt. (*ZH* 100)[5]

Die humorvoll dargestellten deutschen Touristen verhalten sich offensichtlich ungastgemäß. Sie fallen wie die Heuschrecken in das Lokal ein und bemächtigen sich unkontrolliert mehrerer Tische. Der Eindruck von lauten Eindringlingen, derer man sich schämt, verbleibt unverdaut nach dem Lesen bestehen. Gäste, die sich so verhalten, entsprechen dem 'Nicht-Gast' bei *Manig 29*.

Auch in *Flucht vor Gästen* nimmt Lettau die Gast-Thematik aus persönlicher Anschauung erneut auf, wenn er Gäste beschreibt, die er eigens in sein Haus geladen hat.

> Beim Anblick der Gäste, wenn sie vor der Türe erscheinen, braucht man Überraschungen nicht zu befürchten, man lud sie ja ein, kannte sie also. Dennoch ist es immer wieder erstaunlich, zu beobachten, wie schlecht sie insgesamt aussehen. ... Ziegenbärte, Buntbärte, Waldmenschen, von denen einer weitere Glieder seiner Familie stets bei sich führt, die in der Halle umständliche Erklärungen, ihre Herkunft betreffend, abgeben, während die andern Gäste unbegrüßt hinter meinem Rücken die Räume prüfend durchstreifen, hier und dort, manchmal dampfend in Lederjacken, die sie nicht abgelegt haben, schon Möbel besetzend, auf die sie sich, ohne Rücksicht auf deren Belastbarkeit, krachend niederlassen, mit Handtaschen, die groß sind, den Eßtisch belegen, schon Brot zerkrümelnd zu Skulpturen formen, alle auf einmal redend. (*AG* 308ff)

Eigenwillige Verhaltensmuster weisen diese Gäste auf. Insgesamt hinterlassen sie ein unangenehmes Gefühl; eines, das den Gastgeber nicht zu einem erneuten Versuch veranlassen sollte, sich Gäste in sein Haus einzuladen.

> Ich selber warte immer noch, ob mir die Gäste nicht eines Tages gefallen, ... vielleicht bessern sie sich? Weniger traurig, könnte man die Gäste, in den Keller gelockt, mit Hilfe kräftiger Gärtner in Livreen stecken und oben servieren lassen. (*AG* 309)

Einen Hoffnungsschimmer gibt der Erzähler, indem er die trübsinnige Ansicht, daß ihm diese Gäste nie gefallen werden, verwirft. Die Verwerfung kommt dadurch zustande, daß er im Geiste mit der 'Verwendung' der Gäste in anderer Form spielt. Da sie als Gäste unbrauchbar sind, könnten sie möglicherweise eine andere Rolle im Haus übernehmen: Die Dienerrolle. Die Dienerlivreen führen uns zurück zu Lettaus früher Schaffensphase, damit einen Kreis in Lettaus Werk schließend, der diesem eine Eigendynamik von ungewöhnlichem Ausmaß verleiht. In der frühen Erzählung: *Bestrafung eines Gastes (AG* 22) wird ein Gast für sein verspätetes Eintreffen damit bestraft, daß er für den Rest seines Lebens als Diener in dem Hause der Ankunft gefangen gehalten wird.

Anders als in Stück 29 wird in Stück 23 vorgeführt, wie ein Gastgeber agieren kann, ohne daß Gäste sich einmischend ihn daran hindern. Der Hausherr winkt hier die Gäste zu sich. Der ins Haus vorausgehende Hausherr vermittelt den höflich verharrenden Gästen gestisch, daß sie in Pantoffeln hineinschlüpfen, wo ihre Blicke hinschweifen und wohin sie sich begeben dürfen. Die Gäste ihrerseits nehmen ihre Rolle an und befolgen die gestisch, daher stillschweigend vermittelten Anordnungen.

Die Betrachtung des zweiten Satzes von Stück 57, die zur Untersuchung der Stücke: 19, 23 und 29 aufforderte, veranlaßte einen weitreichenden Blick in Lettaus Gesamtwerk hinein. Der Ausspruch über die Unkenntnis des ganzen Menschen rührt von Lettaus Beschreibung des Einzelnen in seiner Rolle als Gast. Das individuelle Verhalten beschreibt Lettau innerhalb dieser Rolle als adäquat oder nicht adäquat. Auffallend ist Lettaus immer wiederkehrendes Interesse an dieser Thematik. Die Stücke von *Auftritt Manigs* schicken uns ins Spätwerk. Dieses sendet uns durch wiederkehrende inhaltliche Phänomene zurück zu den noch vor *Manig* erschienenen Geschichten. Die kreisförmige Bewegung, die von dieser sich wiederholenden Vor- und Rückverweise innerhalb Lettaus Werk ausgeht, motiviert eine dynamische Freude am wiederholten Lesen seiner Bücher. Die Dynamik schenkt Lettaus Werk eine selten empfundene Lebendigkeit. Langeweile ist beim Lesen der Texte ein ungekanntes Phänomen, da diese ständig zu erneutem Lesen auffordern, gleichwohl einer Wiederholung in der Musik, in der das Stück nie enden will, da der letzte Takt zum ersten zurückführt.

B. Feinde, Feinde, Feinde

In *Auftritt Manigs* sind es besonders die Stücke 11 und 12, die Feinde thematisieren und ähnlich wie die Gäste massiv in Lettaus Gesamtwerk hineinweisen.

Geometrisch malt der Erzähler in 11 die Bewegungen von voranschreitenden Herren, die als Freunde[6] identifiziert werden. Die Verifizierung dieser Identifikation findet durch das Beschreiben einer gemeinsam ausgeführten physischen Bewegung statt. Wie in Stück 34 Verbündete, gehen die Freunde hier als Beweis ihrer Freundschaft gemeinsam, sogar Hand in Hand, einen Hügel hinunter, eine Linie am Horizont bildend. Der Begriff „Freunde" wechselt mit Herren ab. Freunde gehen weiter, andere nicht näher Bestimmte bleiben stehen, „Male" zurücklassend. Die Zurückbleibenden sind die, die nicht mehr mit den Freunden, die ihrerseits vorausschreitend eine schwarze Latte bilden, weitergehen. Sie bewegen sich ins Tal, dann in ein Dorf. „Nun kann man das Dorf nicht mehr betreten." Diese Worte beenden den Text. Der Eindruck entsteht, daß ein Dorf, auf das sich wie auch immer geartete Freunde zubewegen, durch ihr Handeln nicht mehr sicher, d.h. bedroht ist. Die Darstellung selbst mutet kindlich naiv an, was im folgenden zu klären sein wird.

Es ergeben sich viele Interpretationsmöglichkeiten, die in diesem Stück als Bedrohung in Frage kämen. Assoziativ wollen wir eine ambivalente Möglichkeit näher ins Auge fassen. Die Szene legt die Vorstellung nahe, daß es sich um einen Kriegsschauplatz handelt, in dem ein Dorf umstellt und für die Bevölkerung unzugänglich wird. Kriegsberichte sowohl vom zweiten Weltkrieg als auch heute aktuelle vom Balkan bestätigen die Normalität eines solchen Szenarios als nicht nur möglich, sondern alltäglich. Ein kurzer Blick auf den zeitlichen Hintergrund zur Zeit von Lettaus Heranwachsen scheint in diesem Zusammenhang unvermeidlich.

Lettau – Kind der Kriegsgeneration während des zweiten Weltkriegs – war als junger Mensch den Kriegswirren unbeteiligt ausgeliefert. Bei Kriegsausbruch war er 10 Jahre alt. Als er *Manig* schrieb, war er 32. In diesem Alter hatte er rückblickend viel über die Zeit seines Heranwachsens erfahren, das seine nun folgende spätere Aussage vor dem San Diego Court prägte.[7]

> Stillschweigen, in dieser Situation, bedeutet für mich Komplizenschaft; eine für dieses Gericht vielleicht erstaunliche These, zu der ich aus biographischen Gründen gelangte, da ich in einem Land aufwuchs, über welches ich, als ich aufgewachsen war, erfuhr, daß es schreckliche Untaten verschuldete, über die geschwiegen wurde. In solchen Zeiten ist ein Gespräch über Bäume fast ein Verbrechen, weil es ein Schweigen einschließt über so viele Untaten. (ZH 149)

Diese Aussage bewegt uns dazu, das Dargestellte im 11. *Manig*-Stück in den historischen Kontext des Autors Lettau zu verlegen. Die Bedrohung, die von einer Latte Menschen ausgeht, die beispielsweise im Krieg durch eine Kette Soldaten repräsentiert wird, ist fühlbar. Die Darstellung in Stück 11 trägt die Handschrift eines Kindes. Auf einen Zehnjährigen wirkt eine Reihe von Soldaten möglicherweise wie eine schwarze Latte, so wie ein umstelltes Dorf für ein Kind instinktiv nicht mehr zu betreten ist.

Von Freunden geht die Gefahr aus. Das legt die Vermutung nahe, ob der Erzähler auf der Seite dieser Freunde steht, ihnen wohlgesonnen ist. Die Gefahr, die für Nicht-Eingeweihte ausgeht, statuiert der Erzähler, um sich den Blick von außen zu bewahren. Die befremdende Bezeichnung „Freunde" läßt sich perspektivisch aus der Sicht der Menschenkette verstehen. Sicherlich sind Soldaten nicht Freunde, nur weil sie gemeinsam in einem Krieg kämpfen. Doch sind sie für die Zeit des Krieges Verbündete, die den Anforderungen von Freunden entsprechen müssen, um erfolgreich ihren Auftrag zu erledigen. Festzustellende Charakteristika, die das Verhalten von Freunden untereinander auszeichnen, nämlich Verläßlichkeit, Respekt, von allen akzeptierte Spielregeln, müssen auch bei Verbündeten unumstößlich gegeben sein. Im Kontext des Krieges werden die „schwarzen Punkte", die „die schwarze Latte" zurückläßt und die als „Male" bezeichnet werden, entweder die Soldaten, die ihre Stellungen beziehen oder, da wir uns auf dem freien Feld bewegen, diejenigen, die durch Schußverletzungen, Ermüdung, Hunger, Kälte, fehlende Kraft stehen- bzw. liegenbleiben.

Der Kontext Krieg ist auf keinen Fall aus diesem Stück wegzudenken. Die Anspielung auf die nun „nicht mehr zu betretende Gegend" vermittelt in besonderem Maße die bedrohlich wirkende Assoziation eines umstellten Dorfes.

Lettaus Aussage vor dem San Diego Superior Court führt außer zu der Annahme, daß es sich bei dem elften *Manig*-Text um eine poetisch verdichtete Auseinandersetzung mit dem Krieg handelt, zu einem weiteren Text: 12. Dieses Stück, betitelt „Besuch", schließt sich an das vorherige, Bedrohungsgebärde ausdrückende Stück an. War Text 11 eine Darstellung der allgemeinen Bedrohung während des Krieges, so konzentriert sich Stück 12 auf das Individuum. In diesem Stück geht es um einen Herrn, der sich verfolgt fühlt. Die immer wiederkehrende Frage der ihm Begegnenden, die umschrieben, jedoch nicht klar gestellt wird, nämlich, ob er wohl Angst vor sich selbst habe, läßt ihn zu anderen Häusern mit neuen Peinigern flüchten.

Die Fragenden in diesem *Manig*-Stück wollen den Herrn auf eine Lokalität und eine Temporalität festlegen, an der ihm das Beängstigende begegnet. Die Frage nach dem was wird ersetzt durch die Fragen nach dem wo und wann. Der zitternde Herr wird nicht gefragt, vor was er sich fürchtet, sondern wo und wann er das, was ihn beängstigt, gesehen hat. Er beantwortet alle bis auf die letzte Frage, die auf ihn selbst deutet. Diese letzte stellen ihm alle Fragenden und diese beängstigt ihn. Die Inhaltsfrage wird durch dieses Erzählmanöver geschickt auf Umwege geleitet, die am Ende zu dem Herrn selbst führen. Durch die Selbstanzeige findet tatsächlich eine Anklage des Herrn gegen sich selbst statt. Er ängstigt sich vor sich selbst, ohne daß der Erzähler uns das mit dem Zeigefinger mitteilen muß. Die Handlung des Herrn spricht für sich und seine Selbstanklage.

Kommen wir auf Lettaus Rede vor dem Superior Court zurück. Während des zweiten Weltkriegs geschahen „schreckliche Untaten, über die geschwiegen wurde", heißt es da. Die verschwiegenen Untaten bedeuten für Lettau in seiner Rede Komplizenschaft, da sie das Eingeständnis der Kriegsgeneration über die Taten nicht vollzogen hat. Der zitternde Herr steht stellvertretend für den Kriegsveteran, der nun, da der Krieg überstanden ist, von der nachfolgenden Generation mit Fragen überhäuft wird, die seine Passivität hinsichtlich der Untaten kritisiert. Am Beginn der europäischen 68er Studenten-Revolte stand genau diese Auseinandersetzung. Der Nachkriegsgeneration ging es um die Aufdeckung der Greuel und um die Prävention eines Schreckens diesen Ausmaßes in der Zukunft. Der Herr aus Stück 12 zittert und ist überall beängstigt, da er auf Schritt und Tritt mit den fragenden Menschen konfrontiert wird, die ihm Schweigen und dadurch Komplizenschaft mit den Ausführenden der Untaten vergegenwärtigen und vorwerfen. Das Beängstigende ist überall gegenwärtig, wie er sagt: „Überall wo ich bin." So wäre das Bedrohliche die vergegenwärtigte Vergangenheit, die ihn nicht losläßt und ihn zur Selbstanklage zwingt.

Ambivalenz sehend, verstehen wir diesen zittrigen Herrn nicht nur als einen, der gegen sich Selbstanklage erhebt, sondern auch als einen, der deshalb verängstigt ist, weil er nicht ungefragt aufgenommen wird, obwohl er offensichtlich Schutz sucht.[8]

Lettau sagt in einem späten Interview:

> Ich glaube, es gibt in Amerika eine automatische Symphatie für die, die man underdogs nennt ... Ich sage mir nur, wenn alle sowieso auf einer Seite stehen, ist es kein Fehler, auf der falschen Seite zu sein. Um die eine Seite brauche ich mich nicht mehr zu kümmern. Doch kann ja die andere unter Umständen richtig sein. Wir haben das beobachtet, wenn Demonstrationen aufgelöst und die Demonstranten von der Polizei gejagt worden sind. Wer in Deutschland in ein Haus reinrannte, mußte damit rechnen, verraten zu werden. In Amerika zeigen die Leute immer in die falsche Richtung. Das ist wie ein Automatismus.[9]

Mit dieser Aussage vergegenwärtigt Lettau eine Angst, verraten zu werden, die in Deutschland eher als in Amerika erfahren werden kann. In Deutschland kann es diesen zittrigen Herrn geben, der Angst hat, verraten zu werden, deshalb die auf ihn selbst weisende Frage - ob nämlich er selbst das Bedrohliche ausmache - ihn zum erneuten Aufbruch zwingt und er das aufgesuchte Haus verläßt. In Amerika hingegen kann man in einem Haus unterkommen, ohne Angst zu haben, im nächsten Moment verraten zu werden.[10]

Daß Lettau die deutsche Geschichte und das Thema Krieg allgemein beschäftigen, wird noch deutlicher als bis jetzt schon erkennbar, wenn wir uns seinem Verständnis des Begriffes „Feind" nähern.

Von Feinden erfahren wir allerhand bei Lettau. Außer kurzen Definitionen hier und da in verschiedensten Büchern[11], gibt es ein Buch, das explizit diesen Titel trägt: *Feinde*. Es erschien 4 Jahre nach *Manig* und leitet eine Feind-Trilogie ein, die sich mit der Problematik Feind, gesellschaftlich, politisch oder national, Feindbilder allgemein, Krieg, Nach-Krieg und dessen Absurdität befaßt. Im zweiten der drei Werke, in der journalistischen Collage *Täglicher Faschismus*, spricht Lettau 1971 von der nationalen amerikanischen Politik, die tägliche Übergriffe auf unschuldige Bürger duldet. Feinde sind in diesem Buch die Autoritäten, die Befehle ausführen lassen, auch wenn diese unsinnig sind und gegen jeglichen Menschenverstand verstoßen. Die 1977 erschienenen *Frühstücksgespräche in Miami* schließen die ausdrückliche Beschäftigung mit dem Militär und den Feinden als offensichtlich politisierte Prosa ab. Von Feinden lesen wir auch noch später, z.B. in *Flucht vor Gästen*, doch sind diese rein gesellschaftlicher Natur.

Das die Feind-Trilogie einleitende Buch *Feinde* spricht keinesfalls nur vom Militär als möglichem Feind, wie wir vom Buchumschlag der im Heyne-Verlag erschienenen Ausgabe vermuten könnten.[12] *Feinde*, das überwiegend aus Nachtrag und Anhang besteht, enthält eine Erzählung, *Der Feind*, die sich tatsächlich mit dem militärischen Feind beschäftigt. Dieser wollen wir uns zunächst zuwenden.

Betrachten wir kurz den geschichtlichen Hintergrund, der zu diesem Feind-Text die Grundlage stellte. Der 1965 unerklärt begonnene Krieg der Amerikaner gegen den VietCong in Vietnam stieß in westlichen Intellektuellen-Kreisen auf breite Ablehnung. Die in Europa der Nachkriegsgeneration angehörigen Studenten wollten sich um jeden Preis gegen einen Krieg richten, dessen sinnlose Unterdrückung eines Volkes durch unzählige Tote, maßloses Leiden und sadistisches menschliches Verhalten zu Tage trat.

Lettau, der seit 1957 amerikanischer Staatsbürger war, richtet sich als Amerikaner gegen diesen Krieg. In einer Rezension zu *Feinde* schrieb Hellmuth Karasek am 14. 11. 68, nachdem er das Militär in diesem Buch zunächst als utopistischen Popanz verstanden wissen will:

Auf der anderen Seite läßt sich, ohne interpretatorische Gewalt, in dem „Feind" ein heutiger Kriegsschauplatz erblicken: nämlich Vietnam. Nicht allein, daß der Gegner unsichtbar, ungreifbar ist, nicht nur, daß die siegreichen Verfolger hinter ihm herzulaufen scheinen wie Verlierer - Lettau liefert auch konkretere Hinweise.

Es ruft zum Beispiel der Feldmarschall empört, nachdem er darauf aufmerksam gemacht wurde, daß es ein schlechtes Gefühl sei, wenn ganze Kompanien hinter einem einzigen Feind herrennen: „Und warum? Nur weil wir mehr sind, dürfen wir da nicht recht haben? ..." Das wirkt wie die verstörte Auseinandersetzung eines alten Haudegens mit jenem Teil der Weltöffentlichkeit, die der Großmacht Amerika schon allein das Vorgehen in einem kleinen Land verübelt.[13]

Die Anspielungen auf die Absurdität des in Vietnam von Amerika angezettelten Krieges war für einige Zeitgenossen unübersehbar, wenn auch viele durch Lettaus Aussparung der namentlichen Nennung des Kriegsschauplatzes sein Buch als unzeitgemäße Anti-Militarismus-Kundgebung verstanden.

Als die Gruppe 47 1966 im amerikanischen Princeton ein Treffen abhielt, gab Lettau eine Leseprobe der 1968 herausgegebenen *Feinde*. Enzensberger, der zusammen mit Lettau und Suzan Sontag parallel zu dem Gruppe 47-Treffen ein Sit-in veranstaltete, gesteht Lettau in einem späten Interview als einzigem zu, seine damals allgemein beklatschte Lesung verstanden zu haben.

> Feinde – das hat Ranicki vollkommen falsch verstanden – Ranicki und die anderen Leute, die das Buch verrissen haben, haben gedacht, es wäre ein Angriff auf das Militär. Das ist überhaupt nicht der Fall. Enzensberger war der einzige, der begriffen hatte, daß es postmilitärisch war. ... Das Buch ist weiter nichts als die Parteinahme für ein kleines Land, das 800 Jahre lang von den Chinesen unterdrückt wurde, dann von den Franzosen, beide wurden besiegt, dann von den Amerikanern. Über dem Land wurden mehr Bomben abgeworfen als im gesamten zweiten Weltkrieg von allen

beteiligten Mächten. Ich war amerikanischer Staatsbürger und habe drei Töchter, und ich wollte nicht, daß meine Töchter mich später fragen, was hast du gemacht?[14]

Lettau geht es also nicht um ein Buch gegen das Militär. Es geht ihm um die bewußte Auseinandersetzung mit der aktuellen politischen Lage, in der offensichtlich gegen ein kleines Land Krieg geführt wird. Die Gewissensfrage, die dem Herrn in Text 12 das Zittern und die Flucht, somit die Bedrohung beschert, will Lettau nach dem Heranwachsen seiner eigenen Töchter ohne Flucht beantworten können.

Das zweite Kapitel des *Feinde*-Buches ist ein Nachtrag zum ersten, betitelt *Paralipomena zum Feind*. In diesem Kapitel wird der militärische Feind um den des politischen erweitert. Letzterer wird gesellschaftlich sichtbar. Der Beginn dieses zweiten Kapitels scheint zwar den ersten Text ergänzend fortzuführen, doch verändert sich der zunächst noch aufrecht erhaltene Dialogpartner des Militaristen rasch. Er wird ersetzt durch Herren, einen Hausvater, einen Landmann, einen Begleiter, Gäste. Das Ende dieses Nachtrags besteht aus verschiedenen Definitionen des Feindes, in denen der Erzähler häufig die Perspektive wechselt. Einmal wird das feindliche Agieren genau beobachtet, ein anderes Mal wird dem Feind eine Frage gestellt. Andere Feinde bleiben gegen den Willen des Gastgebers in der Küche - diese auf die Gäste in *Flucht vor Gästen* vorausblickend. Wieder andere sind Liebhaber der Musik. Die letzte Betrachtung beschreibt einen Empfang bei einem Freund, überschrieben: *Beim Feind*. Der Feind kann also auch der Freund sein, d.h. der Erzähler steht nicht, wie man annehmen könnte, immer auf der Seite der Freunde. Er ist austauschbar, kann zu Freunden oder zu Feinden gehören. „Typisch Lettau!" könnte man ausrufen ... nur nicht festlegen und nur für eine Partei einsetzen, erst mal abwarten, wer womöglich der „underdog" ist.

In einem Interview von 1995[15] teilt uns Lettau mit, wer ein Teil der angesprochenen Feinde in *Feinde* ist, als er auf die Frage: Wen sahen Sie als Feind? Folgendes antwortet: „Das kann ich ihnen genau sagen: Mich. Uns. Meine Freunde und ich, wir waren die Feinde, genau wie die VietCong die Feinde waren." Diese Äußerung Lettaus zu seinem knapp 30 Jahre zuvor geschriebenen *Feinde*-Text beleuchtet auch das elfte *Manig*-Stück von einer eigenwilligen Position. Die Freunde, die sich als Bedrohung (also als Feinde) auf das Dorf zu bewegen, sind womöglich Partisanen, die ihr Land, ihre Freiheit und Unabhängigkeit nicht verlieren wollen, deshalb organisiert gegen den Besetzer aufbegehren.

C.   *Auftritt Manigs* hat Repräsentationscharakter

Auftritt Manigs steht als Repräsentant von Lettaus Gesamtwerk, seiner Ästhetik, Kunstauffassung und Weltansicht. In *Manig* ist diese in vielerlei Hinsicht durch mannigfaltige Variation angelegt, ohne explizit ausformuliert zu sein. *Manig* verkörpert Lettaus Vorstellung von Kunst, Gesellschaft und Politik in poetischer Form. Die Tatsache, daß die Bedrohung in Stück 11 aus Freunden besteht, rückt den Erzähler dieses Textes in die Nähe der Aufbegehrer. Also derer, die selbst als Bedroher bzw. als Feinde gesehen werden.

Ziehen wir Lettaus eigene Geschichte für einen tieferen Einblick in diese Auslegung heran. Lettau hatte sich seit 1956 in den USA aufgehalten. Die Studentenunruhen in Amerika begannen erheblich früher als 1967, da der Vietnam Krieg zunächst nicht Ausgangspunkt ihrer Rebellion war. Vielmehr hatte 1960 durch lunch-counter-sit-ins eine Bewegung begonnen, die sich um die Befreiung der Schwarzen aus ihrer historisch bis zu diesem Zeitpunkt nicht veränderten Sklaven-Rolle bemühte. Lettau konnte die beginnende „Bewegung" in Amerika kaum übersehen haben. *Manig* ist poetisch so dicht, daß die sich später entwickelnde radikale politische Pose Lettaus hier noch nicht erscheint. Der Erzähler von 1963 hält eine später nicht mehr wiederzufindende Vollkommenheit hinsichtlich der künstlerischen Freiheit inne, d.h. später schreibt Lettau mit dem erlangten Bewußtsein eines politisch denkenden und handelnden Individuums, das zur Entstehungszeit des *Manigs* sicherlich schon vorhanden, jedoch noch nicht ausgereift war.

Ein letztes *Manig*-Stück, das sehr subtil auf die Bedrohung eines Herrn durch einen anderen hinweist, soll in dem Zusammenhang Bedrohung/ Verbündeter/Feind abschließend erwähnt werden. Es verdeutlicht die poetische Verdichtung der Feind-Vision, die im späteren Werk anschaulich wird - hierin den Repräsentationscharakter von *Auftritt Manigs* exemplarisch herausarbeitend.

Stück 44 beobachtet einen Herrn, der ein Haus verläßt, die leere Straße überquert, um schließlich einen Park zu betreten. Er zögert weiterzugehen, nachdem sein Weg sich in zwei Richtungen fortsetzt. An dieser Stelle beginnt Lettaus gelenktes Sprachspiel, mittels dessen er Bedrohung ausdrückt, ohne das Wort selbst, noch ein eindeutig darauf hinweisendes zu verwenden. Er schreibt: „Aus einem Busch tritt ein anderer Herr auf ihn zu. Der Herr ist groß." Zunächst treten Herren in Parks gewöhnlich nicht aus dem Gebüsch, es sei denn, sie führen etwas Ungewöhnliches, um nicht zu sagen nichts Gutes im Schilde. Weiterhin wird festgestellt, daß der Herr groß ist, das uns die Tatsache vermittelt, daß dieser Herr eine Größe innehat, die derart sein muß, daß der Erzähler es für nötig hält, uns dies mitzuteilen. Eine Bedrohung schwingt auch hier mit. Nachdem sich die Herren gegenüberstehen, tauschen sie zwei Sätze miteinander aus. Der aus dem Gebüsch Gekommene will gestisch und sprachlich verifizieren, ob der erste Herr aus dem dem Park gegenüberliegenden Haus gekommen ist. Der erste Herr verneint die ihm gestellte Frage, dadurch die Wahrhaftigkeit seiner eben getätigten Handlung verhüllend. Nun kann man sich vorstellen, daß der zweite Herr den ersten Herrn beobachtet hat, daher weiß, daß ersterer das Haus gegenüber dem Park eben verlassen hat. Bestätigt wird seine Beobachtung durch den ersten Herrn nicht.

Vielbedeutend ist der letzte Satz des Stücks, der sich dem Schlagabtausch anschließt: „Der zweite Herr tritt rückwärts ins Gebüsch zurück, während der erste Herr den Weg fortsetzt, etwas schneller." Die nachgefügte Apposition „etwas schneller" unterstreicht die Bedrohtheit des Herrn. Er muß seine Fortführung des Weges erstens wegen des großen Herrn unterbrechen, zweitens muß er lügen, drittens zwingt ihn diese kurze Begegnung, seinen Weg rascher fortzusetzen. Unterbrechung, Lüge, rascheres Fortbewegen bedeuten dem Leser unter Hinzunahme des Charakteristikums der Größe des Herrn, sowie seines Aufenthaltsortes: das Gebüsch, eine deutliche Bedrohung. Die subtile Darstellung erreicht Lettau durch das Ausgesparte. So wie er in seinem *Feinde*-Buch nicht von dem blutigen Menschengemetzel der kriegerischen Auseinandersetzungen und ohne Hinzugabe der namentlichen Nennung des Kriegsschauplatzes schreibt, stellt er in *Manig* 44 die Bedrohung dar, anstelle sie in Worte zu packen und ihr somit das Bedrohliche zu nehmen. Andeutungen dessen, was äußerlich erkennbar ist, reichen aus, um auf innere Motivationen der Herren Rückschlüsse zu ziehen.

Die herausgearbeitete Bedrohung in *Manig* ist historisch motiviert. Lettau ist mit der Zeit seines Heranwachsens derart eng verhaftet, daß der Schriftsteller Zeit seines Lebens mit ihrer Bewältigung kämpft. Die in *Manig* subtil artikulierte Bedrohung weist auf die später explizit thematisierten Feinde hin. Bedrohung wird dargestellt, ohne behauptet zu werden. Feinde werden von außen betrachtet, wie auch ihre innere Motivation Beachtung findet. Parteinahme wird durch den Erzähler nicht aufgezwungen, sondern die ambivalente Darstellung bleibt Hauptprinzip der Erzählweise. Die subtile, biographisch bedingte, poetisch verdichtete Darstellung von Feinden im *Auftritt Manigs* differenziert die Betrachtung der später erschienenen Feind-Trilogie, Lettau als Künstler von abstrakter Anschaulichkeit porträtierend.

Gäste und Feinde verweisen in vielseitiger Weise auf Lettaus Gesamtwerk, sowie auf historisch festgelegte und zeitlich unabhängige Umstände. Diese inhaltlichen Themenkomplexe geben einen Einblick in Lettaus Erzählweise. Hauptstrategie ist die Ambivalenz, ihre Darstellungsweise ist in *Manig* noch poetisch, was die Feinde anbetrifft. In der Gästethematik entdecken wir eine Lettau spezifische Dynamik, die durch ihre Vor- und Rückverweise dem Gesamtwerk innewohnt.

Fußnoten zu Kapitel III

1 Es handelt sich um die zweite, vierte, sechste und achte Geschichte in diesem Buch.
2 Aus einem Interview mit Jörg Magenau vom 9.4.93 in Berlin. (s. Allgemeines und Interviews)
3 Hans-Christoph Buch im *Rübezahl-Leporello*. (s. Zum Tode)
4 Ebd.
5 Zunächst abgedruckt in *Konkret* (1977). (s. Artikel von Lettaus Werkverzeichnis)
6 Für eine genaue Lettausche Definition von Freunden verweisen wir auf Kapitel 4 der vorliegenden Arbeit.
7 Lettau verteidigt in dieser Rede seine Teilnahme an einer „picket-line", mit der gegen die Entlassung von Angela Davis von der UCLA demonstriert wurde. Abgedruckt wurde diese in *Zerstreutes Hinausschaun*.
8 Vergleich mit *Flucht vor Gästen*, in dem Lettau auch den Gast vermißt, der einfach nur schaut und sich darüber freut, wie er, Lettau so dasitzt mit Dawn und den Hunden.
9 In Berliner Zeitung vom 24 Feb.1995. (s. *Flucht vor Gästen*)
10 Europäische Kriegsveteranen höre ich an dieser Stelle einhaken und rufen, daß auch die Amerikaner mißtrauischer wären, hätten sie Kriege in moderner Zeit auf ihrem eigenen Boden ausfechten müssen.
11 Im folgenden wollen wir einige Textstellen zitieren, bei denen Lettau den Feind thematisiert: „Seit wann kennst du diesen Feind? Ich habe diesen Feind nur einmal gesehen, wohl als er noch gar keiner war." (FvG.)
„Nachbar bedeutet hier Feind." *TF*, S.14.
„Man beginnt zu begreifen, was Schwarze und Mexikaner von Kindheit an wissen: Polizist heißt Feind." *TF*, S.17.
„Durch Evidenz einen genaueren Anblick des Feindes ermöglichen." *TF*, S.28.
12 Der Umschlag zeigt das Photo eines kahlköpfigen, dickhalsigen Soldaten in verschmutzter Uniform, das von Nabelhöhe in kurzem Körperabstand derart aufgenommen wurde, daß sein Oberkörper mehr als die Hälfte der Bildfläche einnimmt. Der Kopf sticht relativ klein gegen einen blauen Himmel ab.
13 Hellmuth Karasek in der Süddeutschen Zeitung vom 14 Nov.1968. (s. *Feinde*)
14 Udo Scheer im Gespräch mit Reinhard Lettau in Kommune I, 1995. (s. Allgemeines und Interviews)
15 Ebd.

IV. Kapitel

Stil und Sprache

Wie aus den Kritiken zu Lettaus Büchern ersichtlich ist, geht der Schriftsteller sorgsam mit Sprache um. In diesem Kapitel arbeiten wir daher zunächst auffällige Stilmittel heraus und untersuchen diese auf ihre Funktion innerhalb des Gesamttextes bzw. Kunst überhaupt. Gleichzeitig versuchen wir Lettaus besondere Wortwahl zu analysieren, dabei die literarischen Begebenheiten, in die Lettau hineinschrieb, beachtend.

A. Autonomie durch Stil: Auch Löffel haben Tränen

Sätze 3, 4 und 5 von Stück 57 initiieren eine Auseinandersetzung mit stilistischen Elementen in *Auftritt Manigs*. Satz drei: „Ist es nötig, daß ich ihm winke?" beschäftigt sich mit der Frage, ob es notwendig ist, Manigs Handeln lenkend zu beeinflussen. Dergestalt, daß es zum Handeln einer - hier gestischen - Aufforderung bedarf, um Handeln voranzutreiben. Der Aufforderungscharakter dieses Satzes führt uns zu Stück 5, in dem die Erfüllung eines Auftrags durch Vervielfältigung erreicht werden soll. Das erste stilistische Element, das wir untersuchen, ist daher die Vervielfältigung. Satz vier bedient sich der Negation und verweist hierin auf Stück 26. Dort bewirkt Negation die Gleichstellung von Subjekt und Objekt. Daher ist das zweite stilistische Element die Negation. Satz fünf veranlasst uns, Gegenstände zu entdecken, die als Protagonisten vorgestellt werden. Diese Gleichstellung untersuchen wir als drittes Element. Diese drei zu betrachtenden Stilelemente verweisen ihrerseits auf das philosophische Moment der Dialektik, das bei Lettau durch Auslassung geprägt ist.

Der Einfall des dritten Satzes findet sich als Exposition in Stück fünf, in dem Manig gebeten wird, verschiedene Aufträge zu erledigen. Die Exposition erfährt eine Vervielfältigung, wodurch erstere variiert wird. Die Antriebskraft zum Handeln rührt in Stück 5 nicht von einer energiespendenden Lichtquelle – wie in den Stücken 1 und 2^1 –, sondern von dem Wunsch, den Freund nicht enttäuschen zu wollen. Anders als in Satz 3 von 57 erledigt Manig die Aufträge in 5 rasch, sogar durch heftige Bewegungen. Worte wie stracks, sogleich, eilt, stürzt unterstützen diesen Eindruck. Seine Zuverlässigkeit im Erfüllen der Aufträge bringt ihm die wohlwollende Bezeichnung des Erzählers ein: Er sei „ein schneller Freund". Vier Aufträge erhält er, die er alle erledigt. Beim letzten ist das Ende des Textes prädestiniert. Manigs Auftrag endet mit der Aufforderung: Er solle nicht wiederkommen! Die gewählten Worte beenden die Möglichkeit der beliebigen Vervielfältigung der Aufforderung, da Manig als Ausführender nach Beendigung dieses Auftrags ausfällt.

Einen Erzähler gibt es in diesem Text nicht, nur einen impersonellen Beobachter, der sich selbst nie zu erkennen gibt. Passivisch wird Manig der letzte Auftrag zugerufen, „man" versammelt sich schließlich, um als „Gesellschaft" den zwanzigfachen Manig auf dem Dach des Hauses zu sehen. Das letzte Bild verdeutlicht uns, daß die Aufträge in diesem Stück vervielfältigt sind, und auch die Person Manig mit sich selbst multipliziert auftritt.

Ein phantastisches, zugleich absurdes Moment, das Manig zwanzigfach vervielfältigt und ihn an der Seite eines Raumes hoch, über den Dachfirst weitergehen läßt, hält in diesem Stück Einzug. Die vorigen vier Stücke (1-4), die den Anfang des Buches ausmachen, beschreiben Manig auf eine unkonventionelle Art, dennoch nicht den realen Bezug einbüßend. Steckt möglicherweise die Ansicht dahinter, daß Manig nur zwanzigfach beein-druckt? Die Gesellschaft erst dann schaut (oder „starrt"), wenn Manig so zahlreich vervielfältigt dasteht?

Die Verzwanzigfachung erinnert an die beliebig vervielfältigte Marilyn Monroe, die Andy Warhol innerhalb der Kunstrichtung PopArt in den 60er Jahren der Öffentlichkeit präsentierte. Vervielfältigung eines Menschen, der gleichsam dadurch seine Individualität verliert. Durch den Identitätsverlust wird er verdinglicht, zum Objekt stilisiert. Als Objekt wiederum wird das Dargestellte Repräsentant des Massenkonsums, der seinerseits durch die Vervielfältigung außer einer Demontage auch eine Vergegenwärtigung erfährt.

Lettau hat sich zum wiederholten Male mit der Thematik der Vervielfältigung beschäftigt. Einerseits hinsichtlich der in *Manig* häufig wiederkehrenden stilistischen Wiederholung, die durch Variation ihren

Ausdruck findet, andererseits im Hinblick auf die alltägliche Abstumpfung des Menschen durch Wiederholung der selben oder ähnlicher Bilder in der Presse.[2] Lettau spricht vom Abstumpfen der Sinne, die der Mensch erfährt, wenn er täglich Nachrichten aus aller Welt in sein Wohnzimmer mittels drastischer Momentaufnahmen aus dem Fernseher aufnimmt: Verstümmelte Tote, blutende Menschen, weinende Personen. Bilder, die der Einzelne persönlich womöglich durch entsetztes Wegschauen gar nicht so wahrnehmen würde, werden täglich bis in jedes Zuhause geliefert. Die Scham vor dem Tod, vor dem Leben sowie vor den Gefühlen von wildfremden Menschen geht verloren.[3]

Hierin könnten wir Lettau eine Gabe der Vorhersehung zusprechen. Gerade heute, fast 40 Jahre nach der Entstehung des *Manig* verhält es sich so, daß Privatsphäre von öffentlicher Neugierde besonders in Talkshows und anderen jedem zugängliche Medien derart überlagert wird, daß der damit einhergehende Verlust intimen Lebens dem Individuum das Gefühl raubt, überhaupt ein nicht von aller Welt mit Interesse verfolgtes Privatleben führen zu können. Dies gilt in besonderem Maße für Repräsentanten des öffentlichen Lebens und kennt weltweit im Zuge der Globalisierung keine Grenzen.[4]

Ein weiteres Beispiel, das gerade im Moment der Entstehung dieser Arbeit von größter Aktualität ist, sind die durch die Massenmedien verbreiteten Nachrichten über den Krieg in Jugoslawien. Während ein Präsident des Natobündnisses seine Bündnispartner zu Geduld hinsichtlich des Andauerns der Luftangriffe auffordert, werden die Menschen der Bündnisstaaten mit Photos, Filmen und alltäglich sich wiederholenden Schreckensnachrichten überflutet, wodurch sich die Sensibilität des Einzelnen gegenüber den Flüchtlingen des Kosovo in nicht mehr greifbaren Zahlen und Überdruß verliert.

Manig - als Repräsentant des Alltäglichen - erschreckt zwanzigfach und wird daher gebeten, sich aufs Dach zu begeben und nicht zurückzukehren. Durch die Aufforderung das Dach zu besteigen, wird möglicherweise ein Ende Manigs heraufbeschworen, da dieser nur mit einem Sturz von dort seinen gefährlichen Aufenthaltsort in der vielfältigen Gestalt verlassen kann. Manigs Ende wird allerdings in Text 5 nicht bestätigt.

Die punktuelle Vervielfältigung Manigs veranschaulicht die plötzlich massive Vergegenwärtigung des sonst individuell Auftretenden. Manig verkörpert das Alltägliche, das in seiner häppchenweisen Wiederholung keine Gefahr signalisiert, wohl aber als gebündelte Anschauung den Betrachter zum Hinschauen nötigt, wie dies bei Manig 5 am Ende der Fall ist, ebenso bei A. Warhol die M. Monroe. Vervielfältigung in den Massenmedien erzielt dennoch nicht den gleichen Effekt wie jene in der Kunst. Ein in der Kunst anzusiedelndes überdimensionales plakatives Ausstellen von den täglich zu sehenden Flüchtlingsphotos aus dem Kosovo, bspw. auf einem europäischen Marktplatz oder ebenso großformatig auf den beidseitig der kalifornischen Autobahnen angebrachten Werbetafeln, würde bei den Menschen der Bündnispartner einen tieferen Eindruck hinterlassen, als die tägliche Wiederholung in den Nachrichten, die einem Abstumpfen kaum vorbeugt. Punktuelle Vervielfältigung als Stilmittel in der Kunst erzielt ein Aufmerken des Betrachters, da er durch dieses Stilmittel für Alltägliches sensibilisiert wird.

Negation bestimmt Satz 4 von 57: „Nein, es ist wohl nicht nötig." Diese Negation ist selbstreflektorisch im Bezug auf den Erzähler zu verstehen. Er antwortet auf seine an sich selbst gerichtete rhetorische Frage, ob er dem Freund winken solle. Die Antwort weist auf die Trägheit des Erzählers hin, der seinen Freund schließlich nicht an seinen Tisch winkt, das möglicherweise dessen späteres Entschwinden auslöst. Der Erzähler möchte sich selbst beruhigen, da er zu faul ist, aufzustehen. Lettau bestätigt in dem Interview mit J. Magenau von 1993[5], daß genau diese Trägheit seine eigene Motivation war, den halluzinierten Freund auf der Terrasse in Massachussetts nicht an seinen Tisch zu winken.

Dieser kurze vierte Satz beinhaltet durch das vorangestellte „Nein," welches das später folgende „nicht" verstärkt, eine zweifache Negation. Das kleine Wort „wohl", das eher an umgangssprachliche Verwendung erinnert, drückt eine leichte Rücknahme des doppelt Negierten aus, hierdurch eine Absage an Eindeutigkeit implizierend. „Wohl" wäre durch „anscheinend" zu ersetzen, das uns bedeutet, daß der Erzähler vor der Negierung seiner Frage über die Antwort nachgedacht hat. Subjekt und Verb des vorliegenden Satzes „es ist" drücken Bestimmtheit und seine faktische Richtigkeit aus. Der Erzähler macht durch die Verwendung dieser Subjekt-Verb-Konstruktion seine Aussage zum unumstrittenen Tatbestand, wiegt sich dadurch in Gewißheit, daß der Aufwand nicht lohnt, aufzustehen, beruhigt hiermit sein Gewissen. Allein durch das kleine Wort „wohl" schwingt ein entfernter Zweifel an der Absolutheit der Negation mit.

Innerhalb des *Manig*-Buches verweist dieser vierte Satz vorrangig auf Stück 26, in dem Manig einem nicht identifizierten Herrn durch eine ähnlich geartete Negation eine Absage erteilt. Der Herr präsentiert Manig einen Löffel und befragt ihn, ob dieser ihm gefalle. Der Herr modifiziert die Umstände der Präsentation fünfmal. Manig erteilt dem Herrn daraufhin fünfmal eine Absage.

Die Negation der an Manig gerichteten Frage beginnt gestisch, durch Kopfschütteln. Die zweite Negation geschieht durch einen einfachen Aussagesatz, indem er sagt: „Der Löffel gefällt mir auch im Tunnel nicht." (*AG* 116). Die dritte kürzt die Frage des Herrn ab und reduziert sie lokal negierend auf das Nötigste: „Auch hier nicht." Die vierte ist ebenso kurz wie die dritte und richtet sich gegen die Möglichkeit einer zeitlichen Bezugnahme: „Auch dann nicht". Der letzten Negation schließt Manig emphatisch „Überhaupt niemals." an, das dem Kurztext abrupt ein Ende setzt. Eine Fortsetzung des Einfalls wird wie in Stück 5 unmöglich, da Manigs letzte Absage endgültig ist und auch eine zukünftige Frage, ob der Löffel später gefallen könnte, ausgeschlossen wird. Die Absage in 26 ist finit, hierin gleichwohl die Verneinung des vierten Satzes von 57 in emphatischer Weise durch zusätzliche Bestimmtheit variierend.

Stück 26 bekundet ein vornehmliches Interesse an Gegenständen des täglichen Gebrauchs: hier ein Löffel, der in Form einer finiten, nicht mehr umkehrbaren Absage zum „Protagonisten" stilisiert wird.

Die ungewöhnliche Idee jemanden zu fragen, ob ihm ein Löffel gefalle, wird in diesem Stück mit ganzer Ernsthaftigkeit dargestellt. Diese Frage wird anfangs nicht nur wörtlich gestellt; es wird auch der Versuch unternommen, den Löffel durch Veränderung der Umgebung und der radikalen Ablehnung zur ästhetisch wichtigsten „Figur" in diesem Stück zu stilisieren.

In Lettaus Gesamtwerk finden wir ganze Passagen, die sich mit Dingen beschäftigen.[6] Er läßt ihnen dadurch eine besondere Rolle zukommen. Lettau erachtet das „Nötigste und Harmloseste" (*ZH* 217) als Wichtigstes. Er entfernt sich leidenschaftlich von der vermeintlichen Immanenz der Bedeutungskultur des Subjekts in der Kunst, indem er Objekte zu Subjekten stilisiert. Er sucht eine Ästhetik im sinnlich Wahrnehmbaren, in dem, was wir täglich benutzen. Von Marcuse sprechend, schreibt er in *Zerstreutes Hinausschaun* (231): „Ich fand es wunderbar, wie er die Dinge ganz ernstnehmen konnte. So entschuldigte er die militärische Ordnung in meiner Küche mit dem Vergil-Zitat, daß die Dinge auch Tränen haben: ein Recht auf einen festen Platz, an welchem sie sich wohlfühlen."[7]

Im 26. Manig-Stück erfahren wir einen ersten Hinweis darauf, daß Lettau Dinge ernst nimmt, auch wenn, oder gerade weil dem Gegenstand im speziellen in diesem Stück eine Absage erteilt wird. Später in *Flucht vor Gästen* lesen wir Lettaus bekannteste Darstellung von Dingen und deren Eigenleben, als er die ihm eigene Anordnung von Früchten auf verschiedenen Tellern und deren Funktionalität beschreibt.

> ...(die)... kreisförmige Anordung von Früchten der gleichen Sorte auf einem einzelnen Teller, je nach Größe der Früchte zwischen neun und fünfzehn Stück. Wird vom Birnenteller eine Birne entfernt, muß ein kleinerer Kreis auf dem Teller gebaut werden, bis später immer kleinere Teller die immer kleineren Kreise akkomodieren. Noch für fünf Pfirsiche reicht eine vielleicht hellblaue Untertasse, für drei eine winzige Schale, so daß die Früchte wie von allein über dem Nachttisch schweben.
>
> Auf diese Weise befinden sich zumindest Teller und Schalen auf einer unendlichen Wanderung durchs Haus, statt arbeitslos, ohne Würde in Kammern zu dämmern oder folkloristisch Gemischtes vorzutragen. (ZH 19)

Explizit wird in diesem letzten Werk der wichtigen Bedeutung von Dingen Rechnung getragen, ihr Eigenleben beschrieben. Klar wird dem Leser vor Augen geführt, was er bei *Manig* poetisch verpackt fand: Dinge mögen gefallen oder nicht, sind aber als solche ernstzunehmen, in ihrer Selbständigkeit zu achten und dem Menschen gleichzusetzen.

Der nächste Satz, Satz 5 von Stück 57 lautet: „Vielleicht hat er mich gar nicht erblickt, der ich auf der Veranda sitze, dunkelgrün schattig, im

Korbstuhl, weißlackiert, das Glas in der Hand." (*AG* 134) Der in diesem Satz erwähnte Einfall konzentriert sich auf die Lichtverhältnisse „dunkelgrün schattig" und den letzten Satzteil „das Glas in der Hand". Das Stück „Handlungen Manigs VI" (7) variiert diesen Einfall. Die Szene beschäftigt sich überwiegend mit einem Herrn (möglicherweise Manig, auf den allerdings nur der Titel hindeutet), der aufgefordert ist, ein Glas zu halten. Er tut dies, indem er daraufhin feststellt, daß er nun, da er das Glas hält, nichts mit den Händen tun kann. Das Glas bekommt in diesem siebten Stück die Bedeutung des Löffels aus dem zuvor besprochenen Stück 26. Wiederum wird ein Gebrauchsgegenstand des täglichen Lebens zu etwas stilisiert, welches das Handeln des Individuums bestimmt, seinen Handlungsspielraum in Text 7 sogar beeinträchtigt. Die Gesprächspartner, die zwischenzeitlich den Herrn mit Hut, Bart und Glas allein zurücklassen, kehren später zu ihm zurück. Er geht indessen im Stechschritt durchs Zimmer, während das Glas „auf den weit vor ihm ausgestreckten Händen" ruht. Das Glas ruht, obwohl der Herr den militärischen Stechschritt als Gangart wählt, d.h. das Glas wird als etwas Zerbrechliches, trotz der Gangart, angemessen behandelt.

In *Flucht vor Gästen* widmet Lettau dem Gebrauchsgegenstand „Glas" einen Absatz, der repräsentativ seine Einstellung gegenüber Dingen auf den Punkt bringt:

> Versuche, den Tag durch Spontaneität zu beleben, indem ich etwa ein Glas hier oder dort gefährlich abstelle, wo es sowieso, auch ungefährlich plaziert, gar nicht hingehörte, wie es Künstlern taumelnd am Abend passiert, gelingen mir nicht. Ich sitze im anderen Zimmer, denke ans verlassene Glas, rette es schnell. Bedauern für Personen, die, um aus einem Schrank einen Gegenstand zu entfernen, zuerst einen andren entfernen müssen, den sie dann in der Luft halten, um zum ursprünglich gewünschten Gegenstand vorzudringen. Zeitverlust, Gefahr eines Schadens und Demütigung der Sachen selbst, die vielleicht auch Tränen haben. (*ZH* 38)

Die durch das Glas angeregte Beachtung der Gegenstände weitet sich in Stück 7 auf zwei weitere Dinge aus: einen Hut und den Bart des Herrn. Letzteres wird im Text als eigenständiges Ding erachtet, weil es als nicht zu dem Herrn gehörig gesehen wird. Die Anerkennung durch die Partner (sie klopfen ihm auf die Schulter) bezeugt deren gleichgesinnte Haltung bezüglich der Gegenstände.

Der Hut ist durch die direkte Erwähnung des mangelnden Lichtes in 7 für unsere Betrachtung wichtig. In 57 sitzt der Erzähler „dunkelgrün schattig". In 7 ist der Hut für die Verdunkelung verantwortlich. Der Hut wird dem Herrn aufgesetzt und verändert dadurch die Lichtverhältnisse in seinem Gesicht. Der Hut verdunkelt nicht nur Gesicht und Gestalt, sondern gibt ihm auch Schutz („Deckung"). Die Funktion des Hutes ist es, den Herrn samt Bart einerseits zu verdunkeln, andererseits ihm dadurch Schutz zu gewähren. Glas, Hut und Bart repräsentieren Dinge. Dinge, die in ihrer Eigenheit ernst genommen, auf deren Qualitäten unsere Aufmerksamkeit gelenkt wird.

Die durch die Sätze 3, 4 und 5 untersuchten Stücke: 5, 7 und 26 machen uns mit den Stilelementen der Vervielfältigung und der Negation, sowie der Betrachtung von Mensch und Ding vertraut. Wir erhalten Einblick in einen philosophischen Themenkreis, der Lettaus Werk, ähnlich wie zuvor die „Gäste", durchzieht. Das Stilmittel der Vervielfältigung zeigt uns zunächst, wie Menschen verdinglicht werden können. Das Element der Negation trägt seinerseits zur Vermenschlichung von Dingen bei. Die Grenze zwischen Mensch und Ding hebt Lettau in diesen Stücken auf. Zusätzlich erhalten Dinge später menschliche Eigenschaften: Sie haben Würde und Tränen, können arbeitslos und folkloristisch sein. Der Mensch hingegen verliert seine Rolle, durch die er sich über die Dinge zu erheben pflegt. Die hierdurch postulierte Aufhebung des Unterschieds zwischen Mensch und Ding birgt die Forderung, den Menschen ebenbürtig mit seiner Welt der Dinge verflochten zu betrachten. Außer auf einen Materialismus hinzudeuten, entsagt Lettau dadurch der Psychologisierung des Menschen, d.h. der Darstellung eines Charakters in seinem Text.[8]

Die Aufhebung der Übergeordnetheit des Menschen und das Element der Negation lassen unseren Blick auf die Hegelsche Dialektik schweifen. Negation ist bei Hegel ein Ursprungsmoment, da die in den Dingen und Begriffen enthaltene Negation die Bedingung jeder Bewegung ist.[9] Das Gegenstück zur These erhält Hegel durch Negation: die Antithese. Beider Auflösung erreicht er in der über den bloßen Kompromiß hinausgehenden Synthese. Eine Auseinandersetzung Lettaus mit der Dialektik findet explizit nicht statt, doch sehen wir in seinem Aufsatz über die Erzählmodelle Kafkas eine indirekte, da auslassende Anspielung auf Hegel. Das dreigliedrige Schema reduziert Lettau in seiner Auseinandersetzung mit dem Kafka-Text: *Auf der Galerie* auf zwei Komponenten, die er bewahrt. Die dritte, die auflösende Synthese, erkennt er nicht an. Er geht klar auf die ersten zwei Absätze ein: These und Antithese. Die bei Kafka im dritten Absatz deutlich folgende Synthese läßt Lettau unbeachtet.

Betrachten wir nun erneut Stück 26, in dem Manig um seine Meinung zu dem Löffel gebeten wird, können wir eine These: Gefällt Ihnen der Löffel? Und eine Antithese: Nein, niemals! entdecken. Die Synthese fehlt. Dem Leser wird sie vorenthalten.[10] Diese Deutlichkeit der Auslassung schließt die Überlegung ein, daß Ambivalenz notwendig, jedoch der Leser zu einer eigenen Synthesefindung aufgefordert ist. Die Freiheit, die dem Leser durch diese Lettausche Schreibart zuteil wird, ist zunächst ungewohnt, da Autoren allzu häufig die Synthese, ihre eigene Weltanschauung verbreitend, in ihren Texten mitliefern. Daher erfordert dies vom Leser einige Anstrengung, weil er selbst die Synthese finden muß. Letztlich verleiht die fehlende Synthese dem Lettauschen Text das Merkmal der Autonomie. Autonomie, d.h. Freiheit der Auslegung, entsteht durch die bestehend bleibende Ambivalenz von These und Antithese, dergegenüber die Synthese entfällt. Der Erzähler enthält sich einer Wertung der Sache und gefällt sich im Beschreiben der Ambivalenz. Die nicht stattfindende Wertung beläßt den Text in einem Vakuum, d.h. frei von temporaler und lokaler Beschränkung. Dadurch bleibt das Werk epochenunabhängig, somit zu jeder Zeit aktuell.

Die ungewöhnlichen stilistischen Elemente der Vervielfältigung, Negation und Auslassung erfrischen den Leser der Lettauschen Prosa auf wirkungsvolle Weise. Sie bewirken gerade das Gegenteil dessen, das wir vermuten könnten. Vervielfältigung dient dazu, eine Verdinglichung des Menschen zu veranschaulichen. Der punktuell vervielfältigt auftretende Manig sensibilisiert, indem er erschreckt, weil seine menschliche Vervielfältigung, durch die er seine Individualität einbüßt, zumindest im 20.Jahrhundert noch ungewohnt ist.[11] Er wird vergleichbar mit einer vielfach angebotenen Dose auf einem Regal im Supermarkt, ist gleichsam gegen unauffällige Dinge austauschbar.

Negation als Stilmittel ermöglicht dem Erzähler einen Gegenstand des täglichen Gebrauchs zum Mittelpunkt des Stücks zu erheben. Der Löffel, um den es in dem besprochenen Text geht, mutiert vom unscheinbaren Eßbesteck zum Protagonisten. Vervielfältigung und Negation bewegen sich in ihren Funktionen entgegengesetzt, darin zu einer Gleichstellung von Mensch und Ding führend.

Die Auslassung als stilistische Möglichkeit entledigt den Erzähler der Verpflichtung einer Synthesefindung. Diese Entledigung des Erzählers bewirkt andererseits eine verpflichtende Haltung des Lesers gegenüber dem Kunstwerk. Durch die auf den Leser übertragene Synthesefindung erhält das Werk eine Eigenständigkeit, die es von momentanen Ereignissen des historischen Kontextes loslöst. Die hierdurch postulierte lokale und temporale Autonomie verschafft dem Werk Authentizität.

B. „Sprache muß bewohnbar sein." Durch Selbstverweis zur Neudefinierung

> „Ich träume noch fast jede Nacht davon, woanders zu sein. Was mir als Heimat erscheint, ist vielleicht die Sprache."[12]

Die Sätze 6, 7 und 8 des 57. Stücks verweisen auf diverse *Manig-* Stücke, die sich mit dem Verständnis von Begriffen beschäftigen. Diese Begriffe bergen beim ersten Hinsehen keine besonderen Verständnisschwierigkeiten. Lettau rückt die Definition dieser Ausdrücke in den Mittelpunkt der Stücke, um sich bei ihrer Verwendung ihrer tatsächlichen Bedeutung zu erinnern. Die in diesem Kapitel zu betrachtenden Stücke veranlassen uns dazu das Militär, Freunde und Verbündete näher in Augenschein zu nehmen, um Lettaus nuancierte Wortwelt zu entdecken.

Satz 6 von Stück 57 lautet: „Na, lieber Manig, nun tritt näher." Die Aufforderung, näherzutreten, bedeutet für Manig die physische Ausführung eines verbalen Ausrufs. Stück 37, betitelt: *Zurufe*, besteht aus zahlreichen ebensolcher Aus- bzw. Zurufe. Wer ruft und wer und ob jemand die Zurufe durch entsprechende Handlungen ausführt, ist ungewiß. Es handelt sich um einen kurzen Ausruf in Befehlsform („Stehen Sie still"), der den Angesprochenen eingangs zur Aufmerksamkeit zwingt. Die darauf folgenden zahlreichen Anweisungen sind durch Kommata voneinander getrennt und umfassen 15 Zeilen. Der Ton ist scharf. So wird der Angesprochene mit der Aufforderung: „Hören Sie mich etwa nicht mehr!" zum fortgeführten Befehlsgehorsam ermahnt. Militärisch muten die Befehle an, wobei diese inhaltlich von ironischen Unsinnsaufgaben unterlaufen sind. Bspw. sagt der Befehlshaber dem Ausführenden, er solle ein Bein anwinkeln, mit der Zugabe: „des ersten, das Ihnen in den Sinn kommt." Eigenständige Entscheidungen, auch wenn sie rein physicher Natur sind, sind in jeder militärischen Grundausbildung - die ihrerseits in der Ausführung von gymnastischen Befehlen besteht - indiskutabel, drohen womöglich bestraft zu werden. Disziplin ist Rückgrat jeder Armee. Bei den Zurufen in 37 wird der Befehlsempfänger allerdings zur eigenen Entscheidungsfindung aufgefordert. Er soll z.B.: „vielleicht die Beine anheben." „Vielleicht" trägt keinesfalls Befehlscharakter, sondern räumt dem ausführenden Individuum die selbständige Entscheidungsmöglichkeit mit ein. Dem militärisch anmutenden, jedoch gleichzeitig diesen ins Lächerliche ziehenden Charakter des Stücks 37 steht ein anderer Text unterstützend zur Seite.

Ein General wird in 24 als regelrechter Trottel beschrieben. Der Titel („Bitte springen!") bedeutet ihm eine Aufforderung zu springen. Diese höfliche Bitte weist ihrerseits auf Satz 6 von Stück 57 zurück, in dem Manig gebeten wird, näherzutreten. Bevor der General den Sprung leisten kann, zu dem er im übrigen bis zum Ende des Stückes nicht kommt, muß er einen Fluß überqueren, in den er hineinfällt, sich der Lächerlichkeit preisgebend.

Das Militärische wird in beiden Stücken (sowohl in 37 als auch in 24) belustigt betrachtet. Die Figuren, die darin ihren Tätigkeiten nachgehen, werden mit feinsinnigem Humor abgetastet. Hierin Hans-Christoph Buch widersprechend, der schreibt „bevorzugte 'Helden' seiner (Lettaus) Geschichten sind ordensgeschmückte Generäle".[13] Ordensgeschmückte Generäle ja, aber doch nicht als Helden porträtiert, sondern eher sich dummköpfig und lächerlich aufführend. Lettaus späteres Buch: *Frühstücksgespräche in Miami* handelt ausnahmslos von ordensgeschmückt hochrangigen Militärs, die, sich als Ex-Diktatoren entpuppend, in Miami zu Frühstücksgesprächen zusammenfinden. Diese mit Orden Geschmückten werden nicht als ernsthafte Generäle skizziert, vielmehr wird ihre dümmliche, von naivem Egoismus durchzogene Haltung transparent. Von Helden kann hier keine Rede sein.

In einem Gespräch von 1995 erhellt Lettau sein in seinem Werk angelegtes, zu mißverständlichen Auslegungen führendes Verhältnis zum Militär.

> Ich bin nicht der Ansicht, daß alle Soldaten Mörder sind. Die Auschwitz befreit haben, sind keine Mörder. Ich bin auch niemals Antimilitarist geworden. Das kann ich mir als Deutscher nicht leisten. Ohne fremde Soldaten wäre Deutschland heute noch faschistisch.[14]

Hier bestätigt Lettau nicht etwa eine blinde Hingabe zu allem Militärischen, eher das Gegenteil. Er erkennt zu bestimmten historischen Begebenheiten das Militär als notwendigen Interventionsmotor an, ist allgemein aber eher nicht euphorisch gegenüber der Institution des Militärs.

Lettau steht mit dieser Ansicht nicht allein. Der Schriftstellerkollege gleichen Jahrgangs, Hans-Magnus Enzensberger sagte erst kürzlich in einem Spiegel-Interview, nach seiner Einstellung zum Kosovo-Krieg befragt: „Meine Haltung ist, daß wir uns dem nicht entziehen können. Ich war ja nie Pazifist, weil ich meine Existenz den Siegern des zweiten Weltkriegs verdanke."[15] Die um 50 Jahre zurückliegenden historischen Begebenheiten prägen die Einstellung dieser Intellektuellen des Jahrgangs 1929 massiv. Die von Jüngeren angekreidete bejahende Haltung dieser Generation dem Militär gegenüber erschließt sich aus den historischen Bedingungen ihres Heranwachsens.[16]

In den frühen Geschichten erfand Lettau ein ähnliches Szenario wie in den *Frühstücksgesprächen*. In *Ein Feldzug* erklären zwei Generäle nach jahrzehntelangem Kampf ihren Krieg als beendet.

> Nach Jahrzehnten, als man es müde geworden war, die nun ernstlich gealterten, gehbehinderten Haudegen ächzend übers Niemandsland zu schleppen - ein Oberleutnant und drei Feldwebel hatten dies besorgt -, kehrten die Streitenden zur Freude der Bevölkerung in die ihnen zukommenden Hauptstädte heim, während die greisen Befehlshaber, von Unkugen und Kalcavsky, auf schriftlichem Wege sich des Kommandos dann und wann wechselseitig enthoben, bis, zu gegebener Zeit, ein Dritter dieses Geschäft, diesmal für beide zugleich und für die Guilloton, Dottelein und d'O für alle Zukunft besorgte. (*SH* 31).

Die Funktion des Militärs wird schon in diesem frühen Stück durchaus mit Belustigung betrachtet und in diesem besonderen Fall als sich selbst zur Redundanz befördernd, beschrieben.

Sätze 7 und 8 von Stück 57 sehen wir als Einheit, die einen zweiten Begriff, nämlich den des Freundes definiert. „Na komm, teurer Freund. Die paar Stufen hoch, wir liegen uns in den Armen." Manig wird als Freund des Erzählers identifiziert. Das Bild der sich in den Armen Liegenden verifiziert die Identifikation - wenn auch hier hyphothetisch, da diese Szene in der Phantasie des Erzählers stattfindet.

Über Freunde lesen wir viel bei Lettau. Sie werden identifiziert und klar abgegrenzt von ihrem Counterpart: dem Feind, der noch häufiger Erwähnung findet.[17] Zunächst wollen wir untersuchen, wie Lettau den Begriff des Freundes versteht und wie sich das Freund-Bild im Laufe der Jahre zu einer Abgrenzung gegen den Feind entwickelt.

Der „schnelle Freund" von Stück 5 zeichnet sich durch Verläßlichkeit aus. Er erfüllt gewissenhaft seine Aufträge, während er ihre Ausführung durch greifbare Beweise verifiziert, auf leere Floskeln verzichtend. In Stück 35 verhält es sich ähnlich. Hier kommen Freunde, wenn man sie ruft. Sie bekennen ihre Freundschaft durch ihre Anwesenheit bzw. durch ihre Ankunft beim Rufer, auch hier nicht durch Worte. Stück 42 zeigt eine kleine Gruppe von Freunden, die gemeinsam musizieren wird. Gegenseitiger Respekt und Akzeptanz des Verhaltens des anderen ist oberstes Gebot. Verifiziert wird dies durch den Klavierspieler, der zunächst Anstalten macht, zu beginnen, dann aber noch einen Moment an einer nahegelegenen Wand verweilt, um sich schließlich erneut an sein Instrument zu begeben.

Der Umgang unter Freunden wird in Stück 50 porträtiert. Freunde begrüßen sich, indem sie sich voreinander verneigen, sie winken sich zu. Sie kommen zusammen, um miteinander zu spielen. Die Regeln scheinen vorher festgelegt und von allen anerkannt. Der Verlierer scheidet aus. Wie selbstverständlich wird in Stück 52 die Spielleiterrolle von einem an einen anderen Freund weitergegeben, nachdem ersterer müde ist. Text 55 ist der letzte *Manig*-Text, in dem wir ausdrücklich über Freunde unterrichtet werden. Hier steht Freunde als Synonym für Herren, das uns allerdings nicht rückschließen lassen sollte, daß alle Herren in *Manig* auch Freunde sind. Freunde machen in diesem Stück Freunde mit anderen Freunden bekannt. Man weiß, man ist befreundet und ist „unbesorgt beweglich". Die Stadt, deren Freunde unaufhörlich von einem zu einem anderen Standpunkt wechseln, ist in Bewegung. Ein Fremder, der sie durchfährt, würde meinen: „Es ist eine freundliche Stadt."(55). Bewegung wird gleichgesetzt mit Freundlichkeit.

In den Stücken 1 und 2 erfahren wir, daß Licht für Bewegung notwendig ist. In Stück 55 erweitert sich diese Feststellung um die Tatsache, daß Bewegung auch durch Freundlichkeit definiert wird. So wie zuvor das Licht auf den Bewegungsablauf Einfluß hatte, bestimmt hier menschliche Zugeneigtheit die Bewegung. Wer stillsteht, d.h. unbeweglich ist, ist unfreundlich, d.h. verbreitet eine unfreundliche Atmosphäre. Wo Leben ist, ist Freundlichkeit: Freunde bringen Bewegung in eine Stadt, bringen weitere Freunde und damit freundlichen Umgang - wobei das Wort Freund in „freund"lich steckt -. Diese für einen Außenstehenden sichtbare und spürbar freundliche Atmosphäre mutet paradiesisch, um nicht zu sagen utopisch an.

In einer von Lettaus frühen Geschichten geht es auch um Freunde. *Die Ausfahrt* beschreibt drei Freunde, die kapriziös eine Kutsche besteigen, um eine Ausfahrt zu unternehmen. Ihre Kenntnis des jeweils anderen und seiner Bedürfnisse bzw. Gedanken erinnert an das Einverständnis, mit dem siamesische Zwillinge das Leben bestreiten. Nach außen hin harmonisch, synchron, Unternehmungen dann angehend, wenn die hinderlichen, zuvor auftretenden Probleme beiseitigt wurden.

Stück 55 erinnert an 46, wo es am Ende heißt, es sei überall Frieden. Dieser Aussage vorangestellt steht in 46 die Beobachtung aller Häuser eines Dorfes durch den Erzähler. Hinter jedem Fenster, so teilt uns der Erzähler mit, gehen Herren verschiedenen Tätigkeiten nach. Sie sitzen bspw. am Tisch, stehen neben einem Schrank, sitzen voneinander abgewandt lesend in einem Raum, singen oder schlagen zu dem Gesang eines anderen den Takt.

Freunde sind sich wohlgesonnen, verstellen brauchen sie sich in keiner Weise. Freunde werden bei *Manig* detailliert beschrieben. Sie zeichnen sich durch Gewissenhaftigkeit, Tatkraft, Anwesenheit, gegenseitigen Respekt, Regelakzeptanz, Freundlichkeit, Bewegung, Lebendigkeit und 'Friede' aus. Freunde können als solche verifiziert werden, wenn ihr Handeln die genannten Qualitäten aufweist.

Die Definition des Freunde-Begriffs bringt nicht neue Einsichten darüber, was ein Freund ist, jedoch rüttelt Lettaus häufige Auseinandersetzung mit diesem Wort wach, um durch die vielseitige Beschreibung des Begriffs dazu aufzufordern, das eigentlich bekannte Wort bewußter und vorsichtiger zu verwenden.

Ein weiterer Begriff, der des Verbündeten, bewegt sich in einem ähnlichen inhaltlichen Rahmen wie der des Freundes und soll hier anhand von anderen *Manig*-Stücken als weiteres Beispiel der neu zu betrachtenden Begriffswelt untersucht werden.

Die Eigenschaften, die Freunden untereinander zugespochen werden, kennzeichnen Verbündete ebenso. Stück 34 erklärt uns, wie Verbündete sich zu erkennen geben. Sie stimmen einem Kollektiv „wir" in einer Meldung über etwas Gesehenes zu, weil sie es wiedererkennen, d.h. vorher schon kannten. Physisch verifizieren „wir" die Verbundenheit, indem wir sicheren Schrittes zusammen die Treppe hinuntergehen. Zunächst mutet dieses Stück theoretisch an. Eindeutig werden wir unterrichtet, was man unter einem Verbündeten versteht. Die physische Verifizierung von zunächst theoretisch Festgestelltem wird wie zuvor bei den Freunden am vorgeführten Verhalten gemessen. Lippenbekenntnisse sind uninteressant.

Stück 43 verstehen wir wie das Ende von 34 als Verifizierung von zwei Verbündeten. Zwei Herren, die sich in einem Zimmer aufhalten, werden ebenso genau beschrieben wie das Zimmer, in dem sie sich aufhalten, sowie auch ihr Umgang mit den vor ihnen befindlichen Gegenständen. Das Wort Verbündete steht nicht ausdrücklich in diesem Text, allerdings findet der Begriff „Ruhe" Verwendung. Ruhe ist uns aus Stück 35 bekannt, wo er in Bezug auf Freunde gebraucht wird, die sich in ständigem Wechsel zwischen Aufbruch und Ruhe befinden. Die zwei Herren aus 43 bewegen sich harmonisch, können zusammen schweigen. Sie sind Verbündete, da ihre Bewegungen mit zeitlicher Verschiebung synchron sind.

Indem Lettau die Begriffe Freunde und Verbündete definiert, stellt er die Frage nach dem tatsächlichen Verständnis der so häufig verwendeten, heute allseits als gemeinhin bekannt vermuteten Begriffe. Durch eine Annäherung an einen bekannten Begriff reiht sich Lettau ein in die Gruppe der Nachkriegsautoren, die sich mit der Wiederentdeckung von eigentlich bekanntem Wortgut beschäftigten. Heinrich Böll bekennt in seiner Rede gehalten anläßlich der Entgegennahme des Eduard-von-der-Heydt-Preises der Stadt Wuppertal am 24.1.1959.

> Wer mit Worten Umgang pflegt, auf eine leidenschaftliche Weise, wie ich es von mir bekennen möchte, wird, je länger er diesen Umgang pflegt, immer nachdenklicher, weil nichts ihn vor der Erkenntnis rettet, welch gespaltene Wesen Worte in unserer Welt sind. Kaum ausgesprochen oder hingeschrieben, verwandeln sie sich und laden dem, der sie aussprach oder schrieb, eine Verantwortung auf, deren volle Last er nur selten tragen kann: Wer das Wort *Brot* hinschreibt oder ausspricht, weiß nicht, was er damit angerichtet, Kriege sind um dieses Wortes willen geführt worden, Morde geschehen, es trägt eine gewaltige Erbschaft auf sich, und wer es hinschreibt, sollte wissen, welche Erbschaft es trägt und welcher Verwandlungen es fähig ist.[18]

Böll spricht hier von der Verantwortung bei der Verwendung des einzelnen Wortes. Einer Verantwortung, der sich nicht jeder schreibend und redend Betätigende bewußt ist.

Die frühen Mitglieder der Gruppe 47, die im Jahre 1947 zum ersten Mal zusammenfanden, machten sich genau dies zur Aufgabe. Sie empfanden Unmut, sich der gängigen, durch das III. Reich ideologisch geprägte Sprache zu bedienen.

Die Autoren des Ruf[19] glaubten, daß die Beschreibung der Gegenwart und die Verarbeitung der Vergangenheit einen radikalen Bruch mit überholten Traditionen nötig mache. Immer wieder wurde betont, daß geistige Erneuerung eine grundsätzlich neue Sprache voraussetze, die sich von den Phrasen der Vergangenheit löse.[20]

Eine neue Sprache wurde von den ersten Mitgliedern der Gruppe 47 gefordert, die selbstverständlich eine Auseinandersetzung mit angeblich allseits bekannten Begriffen einschließt. Obwohl Lettau zur zweiten Generation der Lesenden und Schreibenden der Gruppe 47 gehört, folgt er doch den ursprünglich aufgestellten Maßstäben, insbesondere in seinem Buch *Auftritt Manigs*. Die zahlreichen aufgeführten Stücke, die sich mit den Begriffen Militär, Freund und Verbündeter auseinandersetzen, verifizieren Lettaus Interesse einen erneuten Zugang an die durch den Sprachmißbrauch im III. Reich[21] verlorengegangene ursprüngliche Wortwelt zu erlangen.

Gerade das bekannt Geglaubte mußte wieder neu betrachtet, abgetastet und erneut definiert werden, um allgemein bekannten und doch mißbräuchlich verwendeten Begriffen (wie z.B. der des Freundes) wieder eine klare Kontur zu verleihen. Auffällig ist gerade bei der Definition von Freund, daß Lettau sich selbst hinsichtlich seiner Forderung, Umstände beobachtend niederzuschreiben, ohne sie zu beurteilen, treu bleibt. In *Manig* läßt er die genaue Beobachtung menschlicher Umstände als solche bestehen. Vorgänge dürfen für sich selbst sprechen, sie werden nicht interpretiert. Die Interpretation eines Textes durch den Schriftsteller innerhalb seines Werks hält Lettau für unnötig und im übrigen „vom wahren Menschlichen ablenkend". (*ZH* 39)

Lettaus kritische Beschäftigung mit der bestehenden Sprache beginnt mit seiner Auseinandersetzung rund um das Militär. Er ist nicht willens, vorgegebene Begriffe mit ihrem anhängenden Ballast zu übernehmen und Texte damit zu verfassen. Für ihn stellt sich die Frage nach Sinn und Unsinn von gegebenen Umständen, die ihrerseits durch Sprache ihren Ausdruck finden. Das Militär läßt er auftreten, nicht ohne es jedoch in ein belustigtes Licht zu stellen. Er drückt dadurch die Notwendigkeit seines Bestehens aus, unterläßt es indes nicht, das Militär ins Lächerliche zu ziehen.

Die Annäherung an andere Begriffe unserer Alltagssprache, des alltäglichen Gebrauchs geschieht durch eine penible inhaltliche Darstellung des in seiner Bedeutung verschwommenen individuellen Wortes. Die verlorene Ursprünglichkeit des Wortes sucht Lettau auf diese Weise neu herauszuarbeiten. Dabei verwendet er die Technik des „Sich-Belassens", d.h. er versteht sich nur als einer, der aufdeckt und den Leser selbst entscheiden läßt, wie, ob und in welcher Form die bekannten Begriffe wahrheitsgetreu verwendet werden. Lettau will durch seine inhaltlichen Manöver auf Sprache selbst aufmerksam machen, und sie zugleich vor einer unreflektierten und überstürzten Verwendung schützen.

Fußnoten zu Kapitel IV

1 Mit „Licht" beschäftigen wir uns in Kapitel II der vorliegenden Arbeit.
2 In seiner Rede zur Verleihung des Hörspielpreises für seine *Frühstücksgespräche in Miami* vom 4.Mai 1979 sagt Lettau: „Armut und Hunger (sind) für die Zeitungen eine tägliche Nicht-Nachricht. Und es stimmt: nicht nur wollte ich nichts Neues bringen, sondern ich wollte mit dem Stück an das tägliche Vergessen von etwas Altem erinnern." (ZH 180)
3 Die täglichen Nachrichten manipulieren zudem den Rezipienten durch Kommentare, die in jeglicher politischer Couleur gefärbt sein können. Lettau schreibt polemisch in verschiedenen Artikeln, die in der Sequenz *Hinschaun* seines Buches *Zerstreutes Hinausschaun* gesammelt sind, über diesen Umstand, seine Bedenken die mediale Informationsweitergabe betreffend.
4 Aktuell sei hier beispielhaft auf Clintons Lewinsky-Affaire verwiesen.
5 s. Allgemeines und Interviews
6 Bemerkenswert ist in diesem Zusammenhang eine Aussage Lettaus aus dem Jahre 1974. In einem Interview mit F.Quilitsch äußert Lettau: „Daß jedes Ding seine kleine Geschichte und, wie Vergil sagt, „auch Tränen" hat. Mich stört zum Beispiel, wenn Leute, denen es an sich gut geht, die genug Teller haben, daß diese Leute, wenn Gäste kommen, auf Papiertellern und in Plastikbechern servieren. Eine entsetzliche Demütigung. Da fängt für mich Spießbürgertum an. Wo man das, was man benutzt, sekretiert von dem, was schön ist. Dann lebt man in einer Welt mit Mist, und die übrigen Dinge werden weggestellt, als wären sie gar keine. Die Tassen sind keine Tassen mehr, sondern irgend etwas, das schimmert." (in *Wochenpost* vom 8.12.94, s. Allgemeines und Interviews). Lettau drückt hier klar seine Ästhetik der Dinge aus. Es handelt sich also nicht nur um einen Tick, eine Marotte, die in *Manig* spaßeshalber aufgegriffen wird, sondern Lettaus Dingwelt ist Teil seiner Ästhetik und Philosophie.
7 ZH 231
8 Lettau führt hierin die Tradition von Proust, Joyce und Kafka fort, die ihrerseits auch nicht auf psychologisierende Charakterepen abzielten. Lettau unterscheidet allerdings besonders von Joyces Bewußtseinsstrom-Lektüre, daß er in den für sich stehenden Einzelstücken in Manig ihm besonders wichtige soziologische, philosophische und auch politische Themen poetisch niederschreibt, ohne uns diese wertend zu präsentieren.
9 Philosophisches Wörterbuch, S.127. (s. Weiterführende Leseliste)
10 Lettau formulierte diese bewußte Auslassung als Motto, wenn er sagt: „Ich will beobachten und halte das für notwendig." (Gespräch mit J. Magenau

vom 9.4.93, s. Allgemeines und Interviews). Nicht wertend, also als Synthesefreilegend, will er sich schreibend mitteilen, sondern als Beobachter.

11   Auch wenn es den Forschern im ausgehenden 20. Jahrhundert gelungen ist, das Schaf Dolly zu kreieren, ist der Zugriff auf die Vervielfältigung des Menschen zumindest zum heutigen Zeitpunkt durch moralische Bedenken noch Tabu.
12   Lettau in *Wochenpost* vom 8.12.94. (s. Werkverzeichnis Lettau)
13   H.-C. Buch in Leporello. (s. Zum Tode)
14   Gespräch mit Udo Scheer in Kommune I, 1995. (s. Allgemeines und Interviews)
15   Spiegel Nr.15/1999, S. 264 (s. Weiterführende Leseliste)
16   Parallel ist die Partei der Grünen in Deutschland zu beobachten. Vor zwanzig Jahren waren die meisten ihrer Anhänger Pazifisten. Heute stimmen diese als nun mit der Wirklichkeit konfrontierte und in Führungspositionen sitzende Politiker dem Krieg der NATO gegen Jugoslawien zu.
17   Kapitel III der voliegenden Arbeit befaßt sich ausschließlich mit Lettaus „Feinden".
18   Viktor Böll (Hrsg.) *Das Heinrich Böll Lesebuch*. München: Beck, 1986, S.180. (s. Weiterführende Leseliste)
19   *Ruf* war eine Zeitschrift, in der die deutschen Intellektuellen nach 1946 ihre Schriften veröffentlichten, bevor sie von der amerikanischen Besatzungsmacht verboten wurde.
20   *Die Gruppe 47*, in L. Arnold (Hrsg.) Text und Kritik, S. 53. (s. Weiter-führende Leseliste)
21   Auch wenn Lettau diesen Fragen erst explizit 1968 nachgeht, als er mit Jürgen Becker im Westdeutschen Rundfunk die „Ränder" durchgeht, bewältigt er in *Manig* mit einfacher Praxis die schwierige Frage: Wie aber im sprachmaterialen Bezug zur Welt eine Syntax und ein Weiterschreiben finden, da die Sprache „aufgrund ihrer erschreckenden Geschichte" niemals mehr ein Kontinuum erkünstlern darf und sie unter der Last ihrer sich auftürmenden „Vergangenheitspartikel" stets wieder „unwillkürlich anfängt auszurutschen" (Mon)?" In Briegleb *Gegenwartsliteratur seit 1968*, S. 48.
(s. Weiterführende Leseliste)

V. Kapitel

„WahrHeitNehmen" durch Verifizierung des Selbstverständlichen

In diesem Kapitel untersuchen wir Lettaus Wahrheitsbegriff, der eng mit der Wahrnehmung verbunden ist. In diesem Kontext sucht Lettau nach Möglichkeiten, Selbstverständliches zu verifizieren, um Eindrücke überhaupt als wahr und somit als existent zu begreifen.

A. „Was von dem was ich sehe, sehe ich?"

Zur Verläßlichkeit der Wahrnehmung

„Nimmt der Busch zu, breitet sich der Busch aus, oder ist es Manig, der sich verkleinert?" Der Einfall von Satz neun[1] beschäftigt sich mit der latenten Unsicherheit des Beobachters hinsichtlich seiner Wahrnehmung. Sie entsteht durch die Diversität der Anschauung, die Wahrnehmung nicht auf eine einzige Anschauung festlegt. Die Verifizierung der eigenen Beobachtungsgabe wird durch den Erzähler selbst angezweifelt. Dieser Zweifel wird in Stück 36 durch eine definitive Aussage die Wahrnehmung betreffend relativiert, wenn es heißt: „Wir befinden uns auf dem Platz und beobachten das Näherkommen eines Herrn aus einer der Straßen. Er wird größer, ... " (*AG* 123) Verifizierung des Näherkommens durch Größerwerden. Durch die Verifizierung verdichtet sich der Wahrheitsgehalt unserer Wahrnehmungsgabe. Die Unsicherheit bezüglich der Verläßlichkeit der eigenen Anschauung bleibt jedoch, trotz der Verifizierung oder gerade durch ihre Notwendigkeit bestehen.

Die Erzählung „In der Umgebung" von 1970 beschäftigt sich unaufhörlich mit der Wahrnehmung der gleichen Objekte von perspektivisch unterschiedlichen Standorten.

> Diesen Hausherrn möchte ich beschreiben. Wenn er neben mir steht, ist er etwas größer, auf die Entfernung nimmt er ab. Wenn er im Sommer neben dem Haus bei den Büschen

steht, auf die Entfernung nimmt er auch ab. Wenn er im Sommer bei den Büschen steht, sieht man ihn kaum. Dafür ist er, wenn er vor dem Haus steht, gut zu sehen. (*AG* 158)

Diese sich mit der ästhetischen Natur von unterschiedlichen Standorten beschäftigenden Betrachtungen hinterlassen den Eindruck einer kunsttheoretischen Auseinandersetzung. Wir sehen den Maler, der Skizzen anfertigt, um verschiedene Perspektiven ein und desselben Motivs (hier des Hausherrn) zu erlangen. Diese vom bildenden Künstler adaptierte Art der Betrachtung verweist uns auf ein weiteres *Manig*-Stück: 49, betitelt „Zusammenhang". Von Manigs Standort ausgehend wird ein Viereck durch Hintergärten, über Straßen, zurück zu Manig abgelaufen, um ihn in seinem Zusammenhang, i.e. seiner Eingebundenheit in die Umgebung zu erfassen. Erst nachdem Manig als Teil seiner dinglichen (Zäune, Vorgärten, Gartentüren, etc.) Umgebung wahrgenommen wird, ist es möglich, ihn zu malen. „Nun male man Manig." (*AG* 130) heißt der letzte Satz, der durch das „nun" die Wahrnehmung Manigs als Teil des Ganzen verpflichtend voraussetzt. Abgesehen von der Bedeutung der Wahrnehmung als Sehen im weitesten Sinne steht diesem Wort auch eine philosophische Bedeutung zu.

Das Wort „wahr-nehmen" hat in seiner eigentlichen Bedeutung mit dem Begriff der Wahrheit zu tun. Etwas wahrnehmen heißt gleichsam es als wahr, im Sinne von wahrhaftig, anzuerkennen. Nun ist es mit der Wahrheit eine schwierige Angelegenheit, da jeder Mensch seine eigene Wahrheit für sich in Anspruch nimmt und diese als allgemein anerkannt zu empfinden neigt. Das geht solange gut, bis er auf jemanden trifft, der mit einer anderen Wahrheit lebt. Wahrheit zu erkennen ist im übrigen mit der Schwierigkeit verbunden, daß diese sich zu unterschiedlichen politischen Begebenheiten verschieden definiert. Für einen Schriftsteller bedeutet Wahrheitsfindung besonders viel, da er als Spiegel der Gesellschaft verstanden wird, der wahrhaftig das beschreiben soll, was er wahrnimmt. Ein Jahr nach der Veröffentlichung von *Manig* können wir in einem Aufsatz von H. Heißenbüttel nachlesen:

> In Hinsicht auf die Schwierigkeit beim Schreiben der Wahrheit konnte er (Brecht 1934) sich auf die Gewißheit der Unwahrheit verlassen. Wahrheit war das, was Unwahrheit negierte und versuchte, sie zu überlisten und zu besiegen.

> ... Eine der Schwierigkeiten, die der Schriftsteller des Jahres 1964 beim Schreiben der Wahrheit hat, besteht nun aber, so denke ich, darin, daß er deutlich sieht, wie sehr diese Überzeugungen Bertolt Brechts an die Gewißheit der Unwahrheit, der Unwahrheit in rechtmäßiger Gewalt, der Unterdrückung, des Faschismus, der Diktatur gebunden war. Heute, wo alles gemischt erscheint, läßt sich nicht einfach mehr sagen, daß ich die Wahrheit schreibe, wenn ich die Unwahrheit bekämpfe.[2]

Die Wahrheitsfindung, so können wir bei Heißenbüttel nachlesen, ist abhängig von den jeweiligen politischen Verhältnissen und definiert sich zur Entstehungszeit *Manigs* keineswegs mehr nur aus ihrem postulierten Gegenteil, wie dies 30 Jahre zuvor noch der Fall war.

Lettau sucht die Nähe zur Wahrheit schon in Schülertagen. Seine Bemühungen um eine möglichst objektive Betrachtung der um ihn herum geschehenden politischen Ereignisse gipfeln bei dem Heranwachsenden 1949 in einer Abschlußarbeit, die er als Voraussetzung für den Erhalt seines Abiturs zu erstellen hatte. Hierin vergleicht er Nachrichten, die dem lesenden Bürger im Nachkriegsdeutschland aus den vier verschiedenen Zonen, die Deutschland seinerzeit teilten, in vier verschiedenen Schattierungen vorlagen. Sein in Schülertagen wurzelndes Interesse für journalistische Veröffentlichungen setzt sich in einer Rede vor Studenten der FU Berlin fort. In dieser 1967 gehaltenen Rede drückt er unter anderem seinen Unmut über die Berliner Presse aus.

> Man hat mich gebeten, ein paar Worte zur Information der Öffentlichkeit durch die Berliner Presse zu sagen. ... Nicht nur wurden von der Westberliner Presse die Verlautbarungen des Polizeipräsidenten als unbezweifelbare Wahrheiten weiterverbreitet ... auch, als sich herausstellte, daß sie unwahr waren, hat keine Westberliner Zeitung diese Verlautbarungen dementiert, von Kritik ganz zu schweigen.[3]

Er unterstützt das Gesagte verifizierend, indem er am Ende seiner Rede demonstrativ eine Zeitung der Springer Presse zerreißt.

1971 veröffentlicht Lettau das Buch mit dem Titel *Täglicher Faschismus*, in dem er auf das Pressewesen der USA allgemein und die kalifornische Presse im besonderen eingeht. Die dieses Buch vorantreibende

Motivation beruht nicht so sehr auf der fehlbaren Darstellung in den Medien, sondern auf der in Lettaus Umfeld nicht stattfindenden Wahrnehmung von Begebenheiten, die er im einleitenden Teil folgendermaßen beschreibt:

> Fast wichtiger als diese Beobachtungen selbst war für mich die Erfahrung, daß sie in der Umgebung offenbar kaum wahrgenommen wurden, obwohl sie doch täglich in der Zeitung (schwieriger in Rundfunk und Fernsehen) zu verfolgen oder zu entdecken waren, wenn dies auch einen Zeitaufwand erforderte, den man beispielsweise von einem Fabrikarbeiter, der abends müde nach Hause kommt, unmöglich, wohl aber von einem Professor erwarten konnte, also meinen Kollegen. Auf bestimmte Meldungen hin angesprochen, entgegneten diese, wenn sie nicht peinlich berührt oder verärgert die Diskussion überhaupt verweigerten, in der Regel zweierlei. Erstens, daß, wenn man davon ausgehe, die erwähnte Meldung entspreche der Wahrheit, es sich doch nur um einen einzigen, nicht symptomatischen Vorgang handle ... (*TF* 17)

Lettau spricht von der Wahrnehmung offensichtlichen Unrechts, die seinen Professorenkollegen unbemerkt entgeht. Er beobachtet eine amerikanische Politik, die ihn durch undemokratische Übergriffe auf unschuldige amerikanische Bürger erschreckt. Entsetzt richtet er sich gegen seine Professorenkollegen, die sich in keiner Weise mit den täglichen politischen Verletzungen der Bürgerrechte im eigenen Land auseinanderzusetzen scheinen. Im Gegenteil zweifeln diese Lettaus Urteilsfähigkeit an, indem sie ihm nahelegen, daß, falls in diesen Presseberichten wahrheitsgetreu berichtet werde, es sich doch um Einzelfälle handle, die nicht gleich das ganze demokratische System in Frage stellten. Lettau sieht das anders.

> Mir schien bald, daß die Übergriffe, die ich beobachtete oder von denen ich durch Zeugen oder Zeitungslektüre erfuhr, zunahmen, und ich begann, auf der Suche nach Erklärungen, Meldungen über die Innenpolitik von Regierung und Kongreß genau zu lesen. Aus dieser Lektüre gewann ich den Eindruck, daß die lokal erfahrenen Ausschreitun-

gen mit der nationalen Politik übereinstimmten. Ich beobachtete, bei spürbar werdender Unruhe im Land, offene, aber fast unmerkliche Vorbereitungen zum Abbau der Bürgerrechte, Bremsung oder Einstellung früherer Sozialreformprogramme, wachsende Inflation, während gleichzeitig der offenen Diskussion dieser Fragen durch manipulative Maßnahmen, Drohungen, Beschwörung einer eben erfundenen patriotisch „schweigenden Mehrheit" entgegengearbeitet wurde. Dies alles konnte man täglich zeigen. (TF 17)

Daß ein von der örtlichen Polizei verursachtes Massaker weniger Aufsehen erregte als ein Hurrikan, veranlaßte Lettau zu großer Besorgnis. Sein amerikanisches Weltbild war durch die Tatenlosigkeit der sich in nächster Nähe befindlichen Intellektuellen ins Wanken geraten. Unterstützung in seiner einseitig anmutenden Sichtweise fand Lettau in Aussagen wie der W. Shirers, der, wie Lettau, von der Gefahr eines sich ausbreitenden „Faschismus mit öffentlicher Zustimmung" (ZH 154) spricht. Durch die schweigenden Kollegen kristallisiert sich Lettaus Handlungspriorität schon 1969, also kurz nach seiner Rückkehr in die USA, heraus. Die Erlebnisse ließen keine Zeit zum Verweilen am Schreibtisch.[4] Vielmehr gaben sie Anlaß, die Wahrnehmung weiterhin zu schärfen und der Wahrnehmung von haaresträubender Wahrheit Taten folgen zu lassen. Nach der geistigen Verifizierung von sinnlich Wahrge-nommenem handelte Lettau, wo er konnte, bspw. durch die Teilnahme an der „picket-line" für Angela Davis oder beim Versuch der Verhinderung von Soldatenrekrutierungen auf dem Campus, um nur einige Beispiele anzuführen. Seine historische Verantwortung als lebender Teil eines Gesellschaftsapparates vergönnte ihm nicht den Luxus, sich still in seine Kammer zurückzuziehen, unter dem Vorwand, er sei Schriftsteller und müsse nun die politischen Ereignisse in schöne Worte fassen. Zu einem späteren Zeitpunkt, nämlich dann, wenn Handeln im konkreten Fall nicht mehr gefragt war, würde er sich zurückbesinnen, um den Erlebnissen in ihrer Wichtigkeit auf dem Papier Rechnung zu tragen. Deutlich setzt Lettau das spätere notierende Überprüfen früherer Geschehnisse und das zum Zeitpunkt der Geschehnisse wichtigere Handeln gleich, wenn er schreibt „Die Radikalität eingreifenden Handelns entspricht der Radikalität des im Moment

des Schreibens alles ganz neu zu überprüfenden Wahrnehmens."
(*ZH* 222) Er setzt Handeln und Schreiben nicht nur gleich, sondern unterlegt sie der Gesetzmäßigkeit der Radikalität.

Der Anspruch Lettaus, Wahrnehmung ernstzunehmen und zu handeln, falls diese dazu auffordert, resultiert aus seiner äußerst feinfühligen Gabe, genau zu beobachten. Die *Manig*-Texte 36 und 49 veranlaßten uns zu der Betrachtung der späteren Auseinandersetzung Lettaus mit der Wahrnehmung von Unrecht und seinem Wahrheitsbegriff. Die in diesen beiden *Manig*-Texten durch Verifizierung belegte Wahrnehmung steht beispielhaft für Lettaus Wahrheitsbegriff. Etwas, das sich als wahr profiliert, muß - wie in *Manig* - für Lettau verifizierbar sein. Seine Strategie, Wahrheit zu erkennen, besteht aus deren Überprüfung durch Verifizierung. Wie in Schülertagen bemüht er sich später in *Täglicher Faschismus* verschiedene Quellen hinzuzuziehen, um Wahrheit zu enthüllen und somit wahr-nehm-bar zu machen.

Lettaus Text *Der wahre Zauberer*, der 1979 veröffentlicht wurde, zeigt desillusioniert, was Wahrheit heißt. Der Protagonist dieses Textes, der wahre Zauberer, ist ein der gängigen Vorstellung eines Zauberers entgegengesetzter Magier. Er zaubert nicht etwa das, was unerklärbar bleibt, er zaubert die Welt, wie sie ist. Ein gewöhnlicher Zauberer hält plötzlich weiße Tauben in Händen, die aus dem Nichts kommen. Er entfernt Gegenstände aus Taschen, in denen nichts aufbewahrt war. Er zersägt Personen in Kisten, die hernach fröhlich lächelnd aus ihnen hervorspringen. Wahrnehmung beim gängigen Zauberer muß vollends über Bord geworfen werden. Hier ist nichts von dem, was wir wahrnehmen, zu verifizieren. Jeder kennt die eigene Ungewißheit betreffs der selbst getätigten Wahrnehmung, die sich nach einem Besuch beim Zauberer in Fragen äußert wie: Woher kam die Taube? Wieso wurde die Frau beim Zersägen der Kiste nicht verletzt? Warum hatte der Zauberer plötzlich dein Portemonnaie in seiner Tasche?

Lettaus Zauberer trügt unsere Wahrnehmung nicht. Jener wirft eine Tasse zu Boden, die dann auch zerspringt. Er läßt die Ungefülltheit seiner Tasche verifizieren, die nach seinem Ausruf, sie solle leerbleiben, weiterhin leerbleibt. Er läßt sich lebendig in eine Kiste legen, in der er nach deren Verschließen von außen verstirbt. Der Zuschauer dieses wahren Zauberers ist selig, so heißt es: „über diesen Triumph der ihr Recht wieder behauptenden Natur". (*AG* 268) Der Zuschauer, der zum wahren Zauberer kommt, sucht nicht die allseits gegenwärtige Verschleierung von Wahrheit. Er setzt sich in diesen Zuschauerraum, um für die Zeit seines dortigen Aufenthaltes Wahrheit durch eigene Wahrnehmung verifizieren zu können. Er ist selig über die Tatsache, daß es noch verifizierbare Wahrheit durch eigene Wahrnehmung gibt, wenn auch nur für den Moment des Aufenthaltes bei einem wahren Zauberer.

In *Manig* gaben die Stücke 36 und 49 Anlaß, Lettaus Philosophie des Wahr-heit-nehmens innerhalb des Gesamtwerks zu betrachten. Die eindeutige Tendenz, wahrnehmen als Wahrheit suchen zu verstehen, illustriert Lettau besonders in *Der wahre Zauberer*. Ein letztes *Manig*-Stück soll die im Gesamtwerk aufzufindende Wahr-heit-nehmenstimmung veranschaulichen. Stück 14, betitelt „Wiedersehen", beschreibt einen Herrn, der an einem Tag einen roten Hut tief im Gesicht trägt, sein Hemd durch einen Gürtel zusammenhält und tanzt. Als er am nächsten Tag mit blauem Hemd, ohne Gürtel, ohne Hut und nicht tanzend wiederkehrt, befragt ihn ein kollektives „Wir" nach den heute fehlenden Bekleidungsstücken des Vortags. Die Negierung von seinem Auftritt am Vortag durch den Herrn selbst bewegt das „Wir", ihn zu verlassen. Einer Verifizierung der Handlungen des Vortags nimmt der Herr durch sein Reden am Tag danach jede Grundlage, dadurch vergrault er das „Wir" und wird durch Mißachtung gestraft.

Wahrnehmen besteht also nicht nur aus der Aufnahme sinnlicher Eindrücke, sondern zusätzlich aus der Verifizierung dessen, das aufgenommen wird. Wahrnehmen fordert weiterhin zum Handeln auf. Wahrnehmen hat drittens die Aufgabe, Wahrheit zu erkennen und dementsprechend Handeln auszurichten. Grundlage hierfür ist die Verifizierung des Wahrgenommenen, wie sie der wahre Zauberer garantiert. Um die am Anfang dieses Kapitels gestellte Frage zu beantworten, müssen wir bedingend sagen, daß Wahrnehmung nur dann verläßlich ist, wenn sie verifiziert wird.

B. Verifizierung des Selbstverständlichen

Satz 11 von 57 lautet „Wie immer ist es auf der Terrasse kühl." Mit dieser Aussage stellt der Erzähler eine Tatsache fest, die eigentlich keiner Erwähnung wert wäre, da es „immer" so ist. Daß es auf der Terrasse kühl ist, scheint selbstverständlich zu sein, da das einleitende „wie immer" diesen Umstand als allgemein bekannt voraussetzt. Zahlreiche Stücke innerhalb *Manigs* beschäftigen sich mit der Betrachtung von Gegebenem, wie es dieser Satz 11 als Einfall vorgibt. Selbstverständliches wird auf diese Art in Stück 9 verifiziert, wenn Manig sich vor der Stadt bewegt. Er ruft dort Menschen, die offensichtlich die Stadt verlassen, zu, daß sie die Stadt verlassen.

Stück 10 bemüht sich um eine Zielbestimmung des scheinbar ziellos umherwandelnden Manigs. Der im Titel gestellten Frage: Wohin geht's? wird im Verlauf des Stücks durch zahlreiche Gegenfragen und deren Beantwortung begegnet. Die letzte Frage suggeriert, daß Manig wohl ein bestimmtes Ziel verfolgte (nämlich die Stadt zu verlassen), sich aber durch Angabe der vielen möglichen verschiedenen anderen Ziele nicht auf dieses eine festlegen lassen wollte. Naheliegende Vermutungen über die angestrebten Ziele werden mit schlußfolgernder Logik ausgeräumt. Um ein Beispiel zu nennen: Manig läuft in einer Gegend herum, in der die Bewohner zu der Zeit seines dortigen Aufenthaltes an anderer Stelle arbeiten, er daher kein Bewohner dieser Gegend sein kann. Auf diese Weise werden schnelle Urteile, die Manigs Ziel voreilig bestimmen sollen, unterstützt durch das Frage/Antwort-Spiel, abgewendet. Demgegenüber offenbart die Beschreibung seiner Route verifizierend das Ziel. Ganz nebenbei, wie es scheint, erfahren wir durch die Bestimmung der örtlichen Befindlichkeit des Protagonisten eine Antwort auf die eingangs gestellte Frage. Der pausenlos kommentierte lokale Aufent-haltsort Manigs erinnert an die Berichterstattung eines Sportredakteurs, der in diesem besonderen Fall Unsicherheit durch rhetorische Fragen ausdrückt, die er durch eigene Beantwortung zu überspielen versucht. Der Inhalt des Stücks ist banal und bezeugt, ohne ihm interpretatorische Zwänge aufzuerlegen, das Interesse Lettaus, „ganz normale" Begebenheiten als Gegenstand seiner Texte zu wählen.

In Stück 22 bemüht sich ein im Plural gehaltener Ich-Erzähler um die genaue Beschreibung dessen, was er sieht, nachdem er die Straße betreten hat. Als Dinge und Menschen in ihrer alltäglichen Einfältigkeit beschrieben sind, schweift der Blick auf Manig, der „wohl" dasselbe wie „wir" „gesehen" hat, da er „langsam ins Haus zurücktritt". Das Kollektiv „wir" beschreibt das offensichtliche Treiben auf der Straße. Die eigene Observation wird indirekt durch Manig bestätigt. Beruhigt - so könnte man annehmen -, nichts Außergewöhnliches gesehen zu haben, tritt er zurück ins Haus. Auch in diesem Stück wird also Offensichtliches betrachtet, notiert, dadurch das Alltägliche vergegenwärtigt, und, wie in Stück 26 der Löffel, hier dieses zum Hauptgegenstand des Stücks stilisiert.

Stück 41, betitelt „Sitzung", betrachtet die ungenaue Bestimmung von Manigs Aufgabenbereich. Ähnlich wie in Stück 10 sollen Fragen einer genaueren Bestimmung näherkommen. Das offensichtliche Verhalten, das wir als Außenstehende durch die beschriebene Szene von Manig erwarten könnten, verliert durch die vielseitige Fragestellung an Eindeutigkeit. Die abschließende Aussage: "Manig setzt Segel" abstrahiert eine zielstrebige Handlungsaufforderung, indem sie einerseits ablenkt von der klaren Bestimmung Manigs als Strandwächter, andrerseits ihm durch diese in Handlung gekleidete Beantwortung der vielen Fragen eine Möglichkeit gibt, die Funktion des Strandwächters einzunehmen. Das „Segel setzen" parallelisiert die Einlösung der ausdrücklichen unausweichlichen Aufforderung, die an Manig gerichtet ist. Manigs eigenständiges Handeln am Ende ist anders als in den bisher besprochenen Stücken hier nicht voraussehbar, daher nicht selbstverständlich. Eine Verifizierung der Handlung findet aber auch hier wie in den zuvor betrachteten Stücken durch das Sinnesorgan „Auge" statt.

Drei weitere Stücke, die sich mit der Verifizierung von Gegebenem beschäftigen, betrachten das Sinnesorgan des Gehörs genauer. Zunächst bedarf es in Stück 18 eines Hundes, der als einziger Landbewohner zu bemerken scheint, daß ein Schiff angekommen ist. Er drückt seine Entdeckung durch Bellen aus. Ein redender Herr bestimmt in Stück 21 durch verschiedene Lautstärken die Distanz zu seinen Zuhörern. Verifizierung des zu Hörenden durch adäquaten Abstand des Zuhörers zum Sprecher. Daß der Zuhörer in 40 der Mächtigste ist, wird zwar am Ende des Stücks quasi als Überraschung präsentiert, ist aber schon durch die genaue Beschreibung des Herrn angelegt. Der Zuhörer verifiziert vom Redner Gesprochenes durch Handzeichen. Weiterhin verifiziert er den Akt des Zuhörens durch Anlegen der rechten Hand ans Ohr, sowohl als auch durch die vorgebeugte Haltung des Oberkörpers, die eine Bereitschaft zum Zuhören signalisiert.

Alle bisher betrachteten Stücke, die durch den Einfall von Satz 11 in Stück 57 auf Selbstverständliches oder Offensichtliches hinweisen, präsentiert uns Lettau durch einen Erzähler. Die Funktion der Präsentation von Selbstverständlichem und auch selbst Verifizierbarem wollen wir aus dem letzten zu besprechenden Stück in diesem Kapitel herausarbeiten.

Außer den schon genannten, verweist der elfte Satz von Text 57 auf Stück 6, in dem ein nur durch den Titel identifizierter Manig das Vorhaben in Gedanken auslebt, nachts mit geschlossenen Augen vor den Spiegel zu treten, um diese nach gewisser Vorbereitung schnell zu öffnen. Der Einfall, sich vor den Spiegel zu stellen, wird zwölf Mal variiert. Der Erzähler stellt sich gedanklich zwölf Mal an einen weiter entfernten Ort, um von diesem sein Ziel, den Blick in den Spiegel, anzusteuern. Den Weg zum Spiegel prägt sich der Erzähler genau ein, indem er die Schritte abzählt, die es bedarf, um bspw. vom Treppenhaus zum Spiegel zu gelangen. Die im Geiste verifizierten Räumlichkeiten konstatieren ähnlich wie in Satz 11 von 57 eine Überprüfung von selbstverständlichen Gegebenheiten. Zu beachten ist bei diesem Stück, daß der Blick in den Spiegel durch vorheriges Ertasten der Umgebung vorbereitet wird, hierbei Gegebenes ganz nebenbei verifizierend.

Das Motiv des vorzubereitenden Blicks in den Spiegel verweist uns innerhalb Lettaus Œuvre auf das Spätwerk *Flucht vor Gästen*, sowie auch auf *Zerstreutes Hinausschaun*. In *Flucht vor Gästen* lesen wir in einer Szene über Lettau, der in Massachussetts an dem Ort, wo er 30 Jahre zuvor 12 Jahre lang gelebt und gearbeitet hat, Herbstblätter sammelt. Während des Einsammelns der Herbstblätter erblickt er „plötzlich" vor sich einen Briefkasten, den er als junger Mensch aquarelliert hatte.

> Einmal mich hierbei aufrichtend, sah ich beim Einsammeln vor mir den rotblauen, amerikanischen Briefkasten mit den vier dünnen Beinen, den ich vor dreißig Jahren in die Mitte eines vom Fenster aus verfertigten Winteraquarells gestellt

hatte. ... Der durch keine Anstrengung des Schreibens gemilderte, plötzliche Anblick erschreckte mich. (*FvG* 62)

Dieser Anblick von einer Sache, die von sich aus weder erschreckt, noch unvorhersehbar „plötzlich" in Erscheinung tritt, führt uns zu Stück 6 zurück. Der Protagonist stellt sich hier mit fest verschlossenen Augen vor den Spiegel. Was ihn nach dem Öffnen der Augen erwartet, weiß er. Trotzdem muß er „sich auf den Anblick vorbereiten" (Stück 6). Das zuvor Bekannte, hier das eigene menschliche Antlitz, in Massachusetts der Briefkasten überrascht oder erschreckt sogar, obwohl es sich um etwas handelt, das bekannt ist.

Die Aussage in *Flucht vor Gästen* „der durch keine Anstrengung des Schreibens gemilderte, plötzliche Anblick..." (*FvG* 62) verrät außer dem unvorhersehbaren Erschrecken über zuvor Bekanntes auch die heilende Wirkung des Schreibens. Diese vermag den plötzlichen Anblick zu mildern, nimmt ihm seinen Schrecken. Schreiben birgt hier die therapeutische Wirkung des Relativierens von anderweitig Beängstigendem. Das Schreiben involviert seinerseits eine eigene Anstrengung, die, wie in *Zerstreutes Hinausschaun* nachzulesen ist, die Erinnerung an Gesehenes durch erneute Wahrnehmung von vormals Gesehenem erfordert. Der von seiner Überraschung nichts verlierende plötzliche Anblick von zuvor Bekanntem ist der, den Lettau an anderen Menschen schätzt.

> Fast alle Schriftsteller und Philosophen, die ich kennenlernte, haben im Verlauf ihres Lebens eine List entwickelt oder ein Entschuldigungssystem, das ihre Arbeit vor den wiederkehrenden Erschütterungen der Umgebung schützt. Nicht so Marcuse. Ihn charakterisierte eine nicht aufhörende Verwundbarkeit: die tägliche, schmerzliche Vergegenwärtigung des Kontexts, in welchem er arbeitete (*ZH* 230)

Die philosophische, weil wie hier rein gedankliche, Vergegenwärtigung des täglichen Kontexts, weitet Lettau bei Marcuse auf die Wahrnehmung von Sinneseindrücken aus, wenn er schreibt:

> Als Kind hatte ich mir einen Philosophen immer vorgestellt als jemanden, der ununterbrochen über alles erstaunt sein, also es ernstnehmen könnte. Diese Kindervorstellung erfüllte Marcuse für mich mit seiner Aufmerksamkeit nicht

> nur für Ideen, sondern alles sinnlich Wahrnehmbare, wie etwa ein Nilpferd, einen Salatkopf oder einen Teelöffel - um drei Dinge zu nennen, die er liebte, oder Wohnwagen, Kofferradios und Motorräder - um drei Dinge zu nennen, die er haßte und die wir nach der Revolution gleich abschaffen wollten. (*ZH* 230/1)

In einem 6 Jahre zuvor erschienenen Aufsatz über Marcuse betont Lettau gerade diese anhaltende Verwundbarkeit, die „ein Erschrecken auch angesichts des Eintreffens des Erwarteten, Bekannten" (*ZH* 227) ermöglicht und die überdies „die Täglichkeit der Untaten gleichwohl nicht" abstumpfen läßt (ebd.).

Das sechste *Manig*-Stück weist weit vor der Bekanntschaft mit Marcuse auf die bei Lettau nie erlöschende Faszination des Erschreckens durch den Anblick von vorher Bekanntem hin. Die Vorbereitung des zu Sehenden geschieht mit großer Sorgfalt, beeinträchtigt aber keinesfalls die Wirkung des eigentlichen Anblicks. Übertragbar auf *Manig* ist in diesem Zusammenhang die frühere Aussage über Marcuse:

> Was dieses Leben bisher bestimmt hat und immer noch bestimmt, ist die Täglichkeit noch so sicher erwarteter, noch so genau verstandener Untaten, und das heißt praktisch: daß jeden Morgen neu angefangen, eine vielleicht gestern schon gesicherte Position, da sie über Nacht verloren wurde, neu erkämpft, d.h. neu überlegt werden muß, d.h. es steht jeden Morgen fast alles in Frage. (*ZH* 228)[5]

Die differenzierte Wahrnehmung von Alltäglichem bezieht sich bei dieser Aussage über Marcuse einerseits auf politisch Erschreckendes. Im *Täglichen Faschismus* von 1971 bringt Lettau diese ihn selbst beschäftigende *tägliche* Empörung auf den Punkt, wenn er sagt: „fast tägliches Vergessen großer Verbrechen, wegen dem Erschrecken über noch größere" (*TF* 18). Anderer-seits kommt dem nicht politisch motivierten sinnlich Wahrnehmbaren bei den Aussagen über Marcuse ebenso große Bedeutung zu. Denken wir nur an das Beispiel des Löffels.

Bei *Manig* liegt die Betonung auf dem sinnlich Wahrnehmbaren und Verifizierbaren. Ähnlich wie bei den zuvor in diesem Kapitel besprochenen Stücken nur das als Wahrheit anerkannt wird, was sinnlich zu verifizieren ist, wird hier beim sechsten *Manig*-Stück das bereits Bekannte durch das Abtasten der Umgebung mit geschlossenen Augen verifiziert.

Das Gehör wird in den Stücken 18, 21 und 40 als Verifizierungsmechanismus anerkannt, sowie das Sehen in den Stücken 9, 10, 22 und 41 als Möglichkeit betrachtet wird, Offensichtliches, Alltägliches oder Selbstverständliches zu verifizieren. Die Funktion der Präsentation von Selbstverständlichem besteht also darin, das Wahrzunehmende trotz seines Selbstverständnisses zu betrachten und dadurch zu einer Perzeption zu gelangen, die sich nicht mit einer abstumpfenden Haltung, selbst Bekanntem gegenüber, zufriedenstellt. Die Vergegenwärtigung von Alltäglichem und Banalem soll zu einem bewußteren, intensiveren Erleben desselben führen, dadurch eine tägliche Verwundbarkeit ermöglichend.

Über dem Idealismus, mit dem eine Aussage über tägliches Erschrekken einhergeht, sollte nicht übersehen werden, daß Lettau durchaus Realismus an den Tag legt, der seinerseits eine gewisse Depremiertheit über die Unvollkommenheit menschlicher Wahrnehmung einschließt. In einer Vorlesung, die nebenbei bemerkt vorher bis ins Detail mit Marcuse diskutiert war, sagt Lettau „that you always only see what you were taught to see" (das man nur das sieht, was man gelernt hat zu sehen).[6] Diese Aussage schließt aus, daß man täglich über vorher Bekanntes erschrecken kann, da man dieser Aussage nach nur über das erschrecken kann, was man zu sehen gelernt hat, nicht aber über das, was die eigene Aufmerksamkeit nicht berührt.

Lettaus *Bildnis Rudi Dutschkes*[7] beschreibt, wie die Augen und Ohren zu öffnen sind, um sehen und hören zu lernen, und das Gesehene und Gehörte in die Wahrnehmung miteinfließen zu lassen. Erst dann ist die Einbeziehung der ständig neu gewonnenen Eindrücke in erweiterte Überlegungen möglich.

> Da aber dringend alles auf einmal getan werden muß, tut er alles auf einmal, die andern lernen es bald, daß das Gesprochene, das es verändert, überholt wird, aber nicht unnötig, da das danach Gesprochene oder neu Geschriebene oder

> Gehörte, das Neues bringen kann, das vorige noch braucht,
> ihm womöglich wieder weichen muß als neuem Neuen, ...
> (*Feinde* 36)

Die dialektische Anlage besteht einerseits darin, daß die objektive Wahrnehmung des Menschen zum Scheitern verurteilt ist; dies ist eine menschliche Insuffizienz. Andererseits, daß durch flexible Aufnahme all dessen, was um einen herum gesprochen wird und geschieht, die Chance besteht, doch den Kriterien der wahren Wahrnehmung zu entsprechen. Letzteres erlaubt den Blick täglich neu so auszurichten, daß eine Aufnahmebereitschaft für Dinge, die man nicht gelernt hat zu sehen, entwickelt wird. Wem dies gelingt, wird gegen die Abstumpfung durch die Alltäglichkeit von Erschreckendem gewappnet sein.

Daß Lettaus Interesse an der täglichen Verwundbarkeit durch die Wahrnehmung von Selbstverständlichem ihn als ständigen Begleiter seines Sehens und Schreibens bis zum Ende seines Lebens begleitet, geht aus einem Blick auf sein letztes Stück, *Waldstück im Ansturm*, hervor. In diesem Stück versucht Lettau zu verifizieren, ob sich ein Waldstück nach links im Ansturm befindet. Durch die Überlegungen, die dieser Einfall vorantreibt, folgert Lettau:

> ...es ist, als ob die Verschwommenheit dieser Wahrnehmung den Vorgängen ihre Bedeutung abstreife und sie hierdurch erkennbar macht. Vielleicht sieht, wer klarsieht, zu viel, was ablenkt von der Unverständlichkeit der Umgebung. (*AG* 364)

Außer an Lettaus eigene Gebrechlichkeit zu erinnern, die er in *Flucht vor Gästen* so humorvoll beleuchtet hat, gibt er seinem Leser am Ende seines Lebens noch einen guten Rat mit auf den Weg. Dieser Rat läuft parallel zu dem des Anblicks in den Spiegel aus dem elften *Manig*-Stück. Der klar Sehende ist der, der die sich ständig verändernde Umgebung nicht mehr wahrnimmt, da er sich mit dem, was alltäglich ist, nicht mehr beschäftigt. Die Haltung des klar Sehenden ist also keinesfalls erstrebenswert. Das schon Bekannte ist es, das trotz Bekanntheit unverhofft überraschen soll, nicht das, das sowieso neu ist. Das Leben entfaltet sich durch diese Art der Wahrnehmung als täglich neu, praktisch steht man dann täglich ohne Halt in einer gerade erst neu zu erfahrenden Welt. Eine mitunter beängstigende Variante!

Wie zuvor Wahrheit, wird hier Selbstverständliches mit Hilfe von Gliedmaßen, Haut oder den Sinnesorganen Ohr und Auge überprüft und ertastet. Das tatsächlich Vorhandene soll über das Gedankliche hinaus geprüft und verifiziert werden. Wie in Satz 11 die Verifizierung der „immer" kühlen Terrasse über die Haut geschieht, wird in Stück 6 die Umgebung durch Abtasten der Räumlichkeit vollzogen. Bei *Rudi Dutschke*, sowie auch in den Stücken 18, 21 und 40, findet die Aufnahme über das Gehör statt und beim *Waldstück* stellen die Augen den Versuch der Verifizierung an. Alle diese Möglichkeiten sind sinnlicher Natur und dienen der Verifizierung von Gegebenem, die die alle Sinne umfassende Aufnahme des Wahrnehmenden schärfen sollen. Überdies ist dessen Empfindlichkeit sowohl hinsichtlich zunächst Bekanntem als auch dem zu Erwartenden zu schulen. Das Anliegen Lettaus ist die Sensibilisierung der Wahrnehmung, beginnend mit *Manig* über den rein sinnlichen Weg der Aufnahme, in seinem weiteren Werk immer wieder auftauchend und schließlich mit dem letzten Stück endend, das reichlich philosophische Konnotation in der Wahrnehmung einbettet.

Fußnoten zu Kapitel V

1. Der Einfall wiederholt sich in den Sätzen 18, 19 und 21-25 von Stück 57.
2. Helmut Heißenbüttel in *Die deutsche Literatur*, reclam Band 16, S. 32ff. (s. Weiterführende Leseliste)
3. Rede, gehalten am 19.4.67 im Auditorium Maximum der Freien Universität Berlin, abdedruckt mit dem Titel „Von der Servilität der Presse in ZH. (s. *Zerstreutes Hinausschaun*)
4. An dieser Stelle möchten wir auf Kapitel II der vorliegenden Arbeit verweisen, in dem Lettaus Handlungspriorität vertieft wird.
5. Aus dieser Aussage erklärt sich Lettaus Vorliebe für Anfänge, die wir in Kapitel II schon untersuchten, von einem anderen Standpunkt. Das tägliche Leben erfordert von jedem Einzelnen eine Bereitschaft, jeden neuen Tag als Erlebnis des Unvorhersehbaren einzustufen und hierdurch offen auf Bekanntes sowie auch auf Unbekanntes zu reagieren.
6. Aus privaten Aufzeichnungen zu Lettaus Seminaren.
7. *Feinde* S. 36/7.

VI. Kapitel

Freiheit und Leichtigkeit durch Humor und Spiel

A. Das Spiel und seine Elemente: Tanzen, Lachen, Singen und Spiele

Wie keinem deutschsprachigen Autor der Nachkriegszeit sind Lettau unvergleichlich humorvolle Darstellungen gelungen, die eine einmalige Leichtigkeit auszeichnet. Viele Schriftsteller gleiten mit einer andeutungsweise humorvollen Schreibart ins Zynische und Sarkastische ab, echten Humor dadurch verlierend.[1] Bei Lettau ist dies nicht der Fall. Er bleibt seinem sehr früh entfalteten feinsinnigen Humor bis zum Lebensende treu.

Abgesehen von den unzähligen, leicht auffindbaren humorvollen Stellen des Gesamtwerks Lettaus wollen wir uns auf den Umweg über die spielerischen Elemente in *Manig* begeben, um zu einer Auseinandersetzung mit seinem besonderen Humor zu gelangen, der Bedingung für die ihm eigene Leichtigkeit ist.

Auftritt Manigs ist Inbegriff einer Präsentation von spielerischen Elementen im Rahmen von Lettaus Œuvre. Diese wendet Lettau an, um Humor zu evoziieren. Wie bisher wollen wir auch hinsichtlich des Humors *Manig* genau betrachten. Wir widersprechen hierin Enzensberger, der zwar von Komik und nicht von Humor spricht[2], der jedenfalls davor warnt, „Manig auf allen Schritten zu begleiten, da dann Komik verloren gehe." Jedoch scheint es gerade der einzelne Schritt zu sein, der Komik bzw. Humor aufdeckt. Die von uns zu differenzierenden spielerischen Elemente wollen wir an einigen wenigen Stücken durch verläßlich wiederkehrende Charakteristika herausarbeiten. Wir identifizieren außer konkret als „Spiele" bezeichnete Stücke (50-56 Herrenspiele) auch solche, die Attribute des Tanzes, des Gesangs und des Lachens beinhalten.[3] Es überrascht, daß fast die Hälfte der 56[4] zu betrachtenden Stücke sich mit der Darstellung von Spielen im allgemeinen, Fröhlichkeit, Heiterkeit, Gesang und Tänzen im besonderen beschäftigen. Die Ausgelassenheit Lettauschen Spiels findet sich in insgesamt 24 Stücken in *Manig* wieder.

Tanzen ist das am meisten beachtete spielerische Element. Zu dieser Folgerung gelangten wir nicht etwa durch die quantitative Ansammlung von Tanzstücken, sondern vielmehr durch die Intensität, die diesem Bewegungselement in *Manig* zukommt.

Satz 16 von 57 - sowie auch Satz 26 - gibt den Einfall für das genannte Spielelement vor, wenn es heißt: „Manig hüpft zurück, federnd, von Zehe zu Zehe." Die beschriebene Art der Fortbewegung Manigs erinnert an Tanzschritte. Tanzschritte ihrerseits werden in diversen Stükken als Qualitätsmerkmal erachtet, wie im folgenden zu sehen sein wird.

Stück 14 beschreibt zunächst im Präteritum einen Herrn, den ein kollektives „Wir" am Vortage kennenlernte. Dieser Herr wird kurz beschrieben. Die ihn beschreibenden Charakteristika reduzieren sich auf die Farbe seines Hutes, ein durch einen Gürtel zusammengehaltenes Hemd und seine Art des Auftritts: „er tanzte". Die Beschreibung des gleichen Herrn bei einem Wiedersehen am Tag danach fällt unterschiedlich aus, hierin Enttäuschung ausdrückend. Er trägt am nächsten Tag keinen Hut. Wohl erkundigt sich das „Wir" sehr humorvoll nach dem Wohlbefinden des Hutes, wenn es heißt: „Wie geht es dem Hut? Haben Sie ihn noch immer? Wo ist er?" Diese Nachfrage beleuchtet Lettaus Vorliebe für Dinge, mit der wir uns in Kapitel IV ausführlicher befaßten. Im Gegensatz zum Vortag trägt der Herr jetzt einen blauen Überwurf. Um die Bewegung des zweiten Tages zu beschreiben, verwendet der Erzähler zwei komplette Aussagesätze, was bei dem stark zurücknehmenden Stil auffällt. Zumal er das „er tanzte" als Apposition nach einem Komma nachfügt, die folgende Negation jedoch zusätzlich durch eine Affirmation, nämlich wie sich der Herr bewegt, anstatt zu tanzen, differenziert wird: „Er tanzte nicht, sondern ging. Später setzte er sich sogar." Nachdem der Herr die ihn bezeichnenden Charakteristika vom Vortag zusätzlich durch negierende Rede abstreitet, findet ein Nicht-Verifizieren der Handlung vom Vortag statt, quasi ein Wegnehmen von zuvor stattgefundener Handlung. Das kollektive „Wir" zieht sich, Enttäuschung ausdrückend, von dem Herrn zurück: „Wir lassen ihn sitzen, wo er sitzt, reden, wo er redet, ohne Hut, Hemd, Gürtel und nicht tanzend." (Stück 14) Die Position des „nicht tanzend" an letzter Stelle des Satzes und des Stücks überhaupt, hebt es als wichtiges Wesensmerkmal hervor. Tanzen wird zum Merkmal, das einen Herrn als ansprechbar, interessant und erwähnenswert qualifiziert. Sobald dieses Merkmal, wie die ihn begleitenden Kleidungsstücke, entfallen, verschwindet das Interesse an ihm, er wird bewußt allein zurückgelassen. Humor wird spürbar durch die Beschäftigung mit einem tanzenden Herrn. Fällt der Tanz weg, entschwindet der Humor.

In Stück 13 kommt dem Tanzen eine ähnliche Bedeutung wie in dem eben besprochenen Stück 14 zu. In diesem Stück würden Herren als tauglich qualifiziert, wenn sie tanzen könnten. „Taugen die Herren", wird gefragt. „Tanzt man? Können die Herren tanzen?" (Stück 13) Die anscheinend zu dürftige Tanzbewegung stellt die Tauglichkeit der Herren auf die Probe, bis schließlich festgestellt wird: „Es wird wohl nicht reichen". Tanzen ist auch in diesem Stück Qualitätsmerkmal, welches die Herren als tauglich qualifizieren würde. Komisch dabei ist der in diesem Stück hergestellte Zusammenhang zwischen der ernsthaften Beschäftigung mit der Tauglichkeit der Herren, die durch eine eher unernste Betrachtung ihrer nicht sehr kunstvollen Tanzvorstellung verulkt wird.

Darüber, was tanzen eigentlich ist, erfahren wir etwas in Stück 1, in dem Manig vorgestellt wird. „Als er nun eine Flöte hervorholt, sich mit übereinandergeschlagenen Beinen in der Nische niederläßt und von dort, mit tanzenden Fingern, Melodien hervorschickt ... , da ist es ein ganz anderer Herr. Vor uns sitzt Manig." (Stück 1) Die Pose, die Manig beschreibt, drückt eine bestimmte Lässigkeit aus, die durch die Art des Flötenspiels entscheidend unterstützt wird. Die „tanzenden Finger", die Melodien hervorschicken, geben den Anschein, als wären Finger selbständige Wesen, die wie Feen tanzen können. Durch ihren Tanz schicken sie Melodien hervor, dies märchenhaft fabulös anmutend. Feen ihrerseits bewegen sich mit viel Grazie und Leichtigkeit. Die Grazie und Leichtigkeit der Bewegung bringt uns zu Kleist, dessen Werk Lettau schätzte.[5] Kleist schreibt in seinem Aufsatz *Über das Marionettentheater*:

> Die Puppen brauchen den Boden nur, wie die Elfen, um ihn zu streifen, und den Schwung der Glieder, durch die augenblickliche Hemmung, neu zu beleben; wir brauchen ihn, um darauf zu ruhen, und uns von der Anstrengung des Tanzes zu erholen: ein Moment, der offenbar selber kein Tanz ist, und mit dem sich weiter nichts anfangen läßt, als ihn möglichst verschwinden zu machen.[6]

Die Kleistschen Puppen teilen mehr als nur ihre Grazie mit den Lettauschen Tänzern. Kleists schwebende Puppen sind vergleichbar mit den Herren, die bei Lettau „den Boden" und im übertragenden Sinne den Boden der Realität[7] nur sanft berühren. Gleichwohl tanzen auch Lettaus Worte leichtfertig über die Seiten.[8] Wenn bei *Manig* die Herren tanzen können, sind sie annehmbar. Durch den Tanz qualifiziert sich der Herr in Stück 14 als ansprechend, die Herren in Stück 13 als tauglich und Manig in Stück 1 als Manig.

Erinnern wir uns an Stück 29. Auch dort wurde Tanzen als Gütesiegel erachtet. Einer der Herren wurde als Gast identifiziert, weil er in Tanzschritten das Zimmer betrat. Trägheit und Plumpheit werden in den Stücken 29 und 14 gescholten. In letzterem wird dies ergänzt durch eine gewisse Empörung, wenn es heißt: „Später setzte er sich sogar." Über Bewegung und ihre Ausdrucksfähigkeit haben wir schon in Stück 55 erfahren, nämlich daß diese an die menschliche Regung Freundlichkeit gebunden ist.

Was nun die beschriebene Leichtigkeit des Tanzes mit Humor verbindet, können wir bei einer Aussage zu Jean Paul nachlesen, über den es heißt:

> In der Erlösung von der Erdverhaftung liegt die Größe und zugleich der schmerzliche Untergrund des Jean Paulschen Humors, der tiefster Ernst in seiner Weltverlachung ist.[9]

„Gelöst von der Erdverhaftung" heißt es da, nichts anderes meinend als die irdischen, hierin menschlichen, zur Anpassung führenden Verhaltensmuster. Humor wird als das befreiende Element identifiziert. Bei Kleist sind es Marionetten, bei Lettaus *Manig* Herren, Manig und wie zu sehen sein wird, Menschen schlechthin, die durch die Losgelöstheit von Konventionen gesellschaftlichen Verhaltens, frei sein können, wahrhaft humorvoll zu sein. Losgelöstheit versteht Lettau als

Freiheit, wenn er sagt: „In dauerndem Aufbruch wird das Glück der Freiheit erfahren." (*ZH* 35)

Tanz qualifiziert also nicht nur den, der die Bewegung mit Grazie ausführt zur Tauglichkeit, sowie zu dem, der er ist, sondern auch zur Möglichkeit sich von gesellschaftlichen Konventionen zu lösen. Löst man sich von den vorgegebenen Konventionen, bewegt man sich mit einer gewissen Leichtigkeit, die freiheitlichen Umgang mit dem humoristischen Element gewährt.

Das zweite spielerische Element, das wir in Lettaus *Manig* als wiederkehrend identifizieren können, ist das Moment des Lachens.[10] Verstehen wir Lachen als eine Ausdrucksform, hinter der sich Glück verbirgt, können wir in einem Aufsatz Lettaus zu James Thurber dessen Einstellung zu Glück und seiner Verbindung zu Freiheit nachlesen.

> Glücklich, wenn auch um den Preis der Sicherheit, sind bei Thurber die Spinner und Gammler, Aufschneider, Falschspieler, Quacksalber, Einsiedler, Käuze: die „Asozialen". (*ZH* 45)

Lettaus Botschaft ist eindeutig: Wer glücklich ist, ist frei, bewegt sich als marginale Figur am gesellschaftlichen Rand[11], genießt daher auch keine gesicherte Position in einem sozialen Umfeld. Frei sein bedeutet Glück, Glück empfinden heißt lachen können.

In *Manig* lesen wir insbesondere zwei Stücke, die das Lachen in den Vordergrund stellen. In Stück 30 geht es um den „Erzähler", wie die Überschrift nahelegt, Peter Szondi, der das kollektive „Wir" zum Lachen bringt. Die erzählten Geschichten des Peter Szondi sind beliebig, unerheblich. Das Wichtige an diesem Text ist das Lachen. Ebenso der schon in Kapitel 2 besprochene Text 20, in dem der zweigesichtige Herr ein Zimmer betritt. Er erschwert durch seine am Ende auf beiden Seiten ausgestrahlte Heiterkeit die Entscheidung, welchem Gesicht das kollektive „Wir" zuhören soll. Wie bei Stück 30 fällt die in diesem Stück vorherrschende ausgelassene Stimmung auf, die durch Lachen, Freude und Heiterkeit hervorgerufen wird. Das Stück beginnt mit dem Satz „Ein Herr betritt das Zimmer und alle freuen sich." Er endet mit der Apposition „lauter Heiterkeit". Diese Ausgelassenheit erinnert an die schon erwähnte frühe Geschichte der Witwe Saatmantel, in der die losgelöste Atmosphäre des durch Lesen zu erfahrenden Festes zum

Teilhaben einlädt. Lachen ist in *Manig* nicht nur Aufruf zum Mitlachen, sondern auch Ausdruck einer Notwendigkeit dieser Gebärde. Lachen birgt Glück, das wiederum Freiheit bringt. Ebenso wie das Element des Tanzes gewährt auch das Lachen dem, der es kann, Freiräume, die wenigstens für den Moment des Lachens, Leichtigkeit des Seins versprechen.

Wie wir von der Witwe Saatmantel wissen, gehört zum Fest mit seiner vorherrschenden Ausgelassenheit außer dem Tanzen und Lachen auch die Musik. In *Manig* entdecken wir verschiedene Stücke, die sich mit der Musik befassen. Es sind dies Stücke 33, 42 und 46. Zwei davon vermitteln uns die fröhliche Stimmung, die ihrerseits durch das Singen zum Ausdruck kommt. Stück 33 erzählt von einem singenden Spaziergänger, der durch sein Singen den Ich-Erzähler motiviert, ihn in das Haus einzulassen. Nach einer überzeugenden Unterredung hat dieser jenen überredet mitzukommen. Gemeinsam verlassen sie das Haus „gehen spazieren und singen". Das aus elf Konditionalsätzen - und ausschließlich aus diesen - bestehende Stück begreift das Singen mit zwingender Logik als etwas Angenehmes. Bspw. öffnet er gezielt das Fenster, nachdem er den Gesang von Ferne hört, um den Spaziergänger besser hören zu können. Dies tut er auch in weiser Voraussicht, daß dieser beim Vorbeigehen seinen Kopf ins Fenster stecken wird. Schließlich scheint der Erzähler sich gerne von dem Spaziergänger zum Mitgehen überreden zu lassen, obwohl er sich anfangs sträubt. Das Singen fungiert wie zuvor Lachen und Tanz als Möglichkeit, einer beengenden Eingrenzung zu entsagen. Der im Zimmer den Spaziergänger Erwartenden wird von jenem durch seinen Gesang weg von seiner Beschäftigung, damit weg von seiner Statik des Verharrens im Zimmer gelockt.

In Stück 46 wird neben anderen auch von Herren berichtet, die singen. Der Schlußkommentar „überall Frieden" erweitert unser bisheriges Verständnis von der Lettauschen Freiheit.[12] Bisher umspannte dieses die Ausgelassenheit, Ungebundenheit, Fröhlichkeit, Tanz und Lachen. Durch Stück 46 wird es über das Singen um den Begriff Frieden erweitert.

Der letzte Schwerpunkt des Spiels soll sich mit Stücken befassen, die Lettau selbst explizit als Spiele betitelt hat, hierin auf das wörtlich zu nehmende Element des Spiels eingehend. Wie schon erwähnt, besteht das Ende des *Manig*-Buches aus insgesamt 6 Stücken, die *Spiele I-VI* betitelt sind. Diese 6 Spiele beschreiben nicht etwa Herren, die sich im Schach, Skat oder Cricket aneinander messen, sondern eher Spiele, die durchaus in Kinderköpfen entstanden sein könnten. Beobachtet und beschrieben werden die Spiele aus der Sicht eines Erwachsenen.

So beschreibt *Spiele I* (Stück 50) Herren, die schnell vom Dach über Dachboden, Treppenfluren bis hinunter zur Haustür laufen, sich vor dieser aufstellen, den letzten Herrn abwarten, um diesen hinter der Tür einzuschließen, weil er offensichtlich das Spiel verloren hat. *Spiele II* (Stück 51) beschreibt einen Herrn, der eine Tanz- und Hüpffigur vormacht. Die anderen Herren bemühen sich um Nachahmung des Vorgemachten. Eindeutig werden auch hier Begriffe der Bewegung aus dem kindlichen Sprachgebrauch verwendet. So heißt es bspw. er „hoppst", „Na", „hoppla". Die Beschreibung der nachahmenden Herren kommt der einer Betrachtung spielender Kinder gleich: „Die Herren machen es nach, sie schlagen hin, verharren gestreckt auf den Ellenbogen, richten sich auf, hoppsen, rutschen, fallen, rufen: "Hoppla"." (Stück 51)

Die weiteren Spiele sind ähnlich wie die ersten beiden - einmal wird etwas wie das französische Boulespiel beschrieben, wobei eine Kugel abhanden kommt. Ein anderes Mal wird mit einer Schere in der Luft hantiert und auf etwas zu Schneidendes gewartet. In wieder einem anderen Stück tauschen Türsteher wiederholt mit neu Hinzukommenden die Plätze. Auch das schon besprochene Stück der freundlichen Stadt ist Teil der Spiele-Stücke. Hier stellen sich Freunde gegenseitig vor, und verabreden sich ohne Unterbrechung ständig auf neue Plätze. Beim letzten Spiel erobert schließlich ein kollektives „Wir" ein ganzes Land durch eine an Friedensdemonstra-tionen erinnernde Menschenkette.

Die durchweg kindliche Natur der Stücke ist auffällig. Einige Elemente, wie z.B. die Wiederholung, die Auslassung, die wir in Kapitel IV unter ästhetischen Gesichtspunkten betrachtet haben, können bei den Spielen in einem anderen Licht entdeckt werden. Sie tragen hier zur Vermittlung der Stimmung bei, die durch das Spielerische erzeugt wird.

B. Spiel und Freiheit

Bis hierhin könnten wir den Zusammenhang der spielerischen Elemente in *Manig* folgendermaßen logisch aufschlüsseln: Wer tanzt, ist frei; wer lacht, ist frei; wer singt, ist frei. Wer singt, lacht und tanzt ist daher frei, um zu spielen. Wie uns die Spiele-Stücke am Ende des *Manig*-Buches nahelegen, fügen wir dieser Logik folgendes hinzu: Wer all dies gern macht, sind Kinder. Über das Kind-Sein bzw. über den Verlust dieses Lebensabschnitts, verrät uns Lettau einiges. In einem Aufsatz mit dem Titel: „Zweitrangigkeit des Lebens" aus dem Jahr 1962 schreibt Lettau:

> Für Rabbit bedeutet Erwachsensein: Übernahme von Bindungen und Verantwortlichkeiten und zugleich der Verlust von Freiheit. Freiheit ist aber das Glück, dem er nachjagt. Er registriert den Verlust von Glück, den das Erwachsensein, das verlogen, chaotisch und dumm ist, mit sich bringt, als jenes „Etwas, das aus seinem Leben gewichen ist ... Es liegt für immer hinter ihm. Das einzige, was ihm zu tun bleibt, ist, sich in das System zu fügen ... (ZH 34)

Freiheit wird hier Inbegriff der kindlichen Wesenswelt. Vieles von dem, was Lettau unter Freiheit versteht, erfahren wir in seinen Rezensionen zu Updikes Romanen. Auffällig dabei ist die Nähe zwischen den Begriffen Freiheit und Glück sowie deren Beziehung zum Wesen von Kindern. „In dauerndem Aufbruch wird das Glück der Freiheit erfahren..." heißt es wenig später (ZH 35). Und Glück selbst „verheißt der manipulierbare Gegenstand" und auch „immer der isolierte, unmotivierte, gegenwärtige Vorgang".

Glück und Freiheit, zwei philosophisch besetzte Begriffe, sind in der Welt des Nicht-Erwachsenen nur als einfache Handlungsrituale zu erleben. Nur durch dauernden Aufbruch - eben dem Wesen von Kindern entsprechend, die ständig in Bewegung sind, sich pausenlos Neuem zuwenden[13], wird Glück und Freiheit möglich. Glück verheißt der unprätentiöse Blick, eben der des Nicht-Erwachsenen. Kinder leben im Jetzt, ihr Handeln ist nicht durch sekundäre, zuvor schon artikulierte Beweggründe motiviert. Glück, schreibt Lettau in einem Artikel über James Thurber, schimmert durch beim sinnlosen Spiel: „Das gemeinsame „sinnlose" Spiel zweier Menschen läßt das höchste Glück ahnen" (*ZH* 45), wohingegen „Nicht-Spielen ... gefangen sein in der Ordnung" heißt. (*ZH* 46)[14]

Auch der Erzähler von Thurber ist dem in *Manig* ähnlich. Beide sind sich mit Trivialitäten beschäftigende Ewig-Fragende, die rein auf Banalitäten hinzuweisen scheinen.

> Aber Thurber beschreibt dieses „Nichts", diese „monströsen Trivialitäten, die das ganze Gefüge der Zivilisation bedrohen". Seine Tugend besteht darin, daß er sich an die Evidenz der Trivialitäten hält, daß er sich auf die Feststellung der nächsten, sichtbaren Banalitäten beschränkt. (*ZH* 44)

Trivialitäten, Banalitäten, eben das auch bei Lettau zu Findende, macht das Wichtigste aus: „Das ganze Gefüge der Zivilisation." (*ZH* 44) An dieser Stelle wollen wir Lettaus Aussage über Updikes Roman differenziert auf *Manig* übertragen, wenn es heißt: „Er hat sich die Hoffnung auf etwas „Besseres" noch nicht austreiben lassen, er beschäftigt sich noch immer mit jenen „kindischen" Fragen, die zu stellen andere vergessen haben, er hat noch nicht resigniert, er kämpft noch immer auf seine dumme Weise." (*ZH* 33/34).

Auch Lettau hat bis zum Ende seines Lebens immer wieder die gleichen Fragen gestellt. Ihn läßt das Erwachsensein nicht los, in dem er eine problematisch angepaßte, verschlossene und kunstfeindliche Form menschlichen Lebens sieht. In einem von seinem Vater handelnden Text, der leider nicht zur Vollendung kam, schreibt er:

> Als Kind, als ich aufwuchs, hatte ich unbestimmte, aber genaue Vorstellungen von meinem Erwachsenenleben, nicht einmal, daß ich mit dem Gedanken herumlief, es stünde mir zu, aber wenigstens, daß ich es auch mal erleben könnte, Ausgehn mit Damen im Pelz, Hotels an Kreuzungen, wo viele Straßen zusammenlaufen. Aber indem ich aufwuchs, verschwand diese mir als Kind vorgegaukelte Welt, und seitdem, wo ich hinkomme, ist immer gerade alles vorbei ... (*Grammercy Park*, 9)

Nun könnte man daraus schließen, daß Lettau am Ende seiner Tage eine Art Goetheanische Mentalität annahm. Lettau selbst sagte einmal über die Texte des gealterten Goethe, daß jener am Ende seines Lebens kindlich wurde und deshalb seine späten Texte kindliche Naivität aufwiesen.

In handschriftlichen Notizen, die dem nicht veröffentlichten Text *Grammercy Park* beiliegen, schreibt Lettau über: „adult disappointment" (die Enttäuschung des Erwachsenen). Eindeutig wird die Nicht-Bewahrheitung von der in Kindheitstagen entdeckten und erhofften Vorausschau von dem Erwachsenen-Dasein bestätigt, die für Lettau zu einer gewissen Deprimiertheit den Beginn des Erwachsenendaseins einleitet. So erkennen wir gerade in diesen Ausführungen die Notwendigkeit des zu bewahrenden kindlichen Blicks, der Fragen erlaubt, die von Lettau geschätzte Menschen wie Herbert Marcuse niemals verlernten zu stellen. (s. Kapitel V). Der tägliche Neubeginn sowie die unbewappnete immerwährende Verletzbarkeit liegen wie die „kindischen" Fragen, die Lettau im Alter mehr denn je nicht verlieren wollte, allesamt im kindlichen Erfahrungsspektrum verankert.

Lettaus Freundschaftserklärung für den Künstler Wolf Vostel „der nicht Kunst wolle, sondern Spiel" sei in diesem Zusammenhang erwähnt. Diese 1967 ausgesprochene Bemerkung fällt nicht ohne Lettaus gleichzeitigen Hinweis auf die Dialektik des Spielerischen, der durchaus provozierend sein soll.[15] Spiel ist also angesagt, aber nicht rein aus kindlicher Motivation, sondern eher aus einer Mischung zwischen dieser und der bewußten Möglichkeit, allgemeine Aufmerksamkeit auf ein Thema zu lenken. Die eigene Frage soll durch das Spiel in ein gesellschaftliches Spektrum geworfen werden.[16]

Lettaus Verhaftetsein und seine Orientierung am kindlichen Gemüt helfen ihm über die Gezwungenheit der Erwachsenenspiele hinweg, denen er desillusioniert, freudlos und insgesamt skeptisch gegenübersteht. Das Spiel schützt Lettau vor einem Verzweifeln an den realen Gegebenheiten der Erwachsenenwelt. Er sieht im Spiel eine Möglichkeit, Botschaften zu vermitteln, auch ohne den Brechtschen Zeigefinger erheben zu müssen. Die Entschlüsselung der Botschaften wird hierdurch nicht immer klar erkennbar. Sicherlich ist Lettaus vordergründigste Botschaft, sich der Zwangsjacke der Erwachsenen durch Humor zu entledigen und die Tarnkappe der Leichtigkeit aufzusetzen. Leichtigkeit bedeutet Loslösung, um tänzelnd, singend und lachend zu einer Schwerelosigkeit des Seins, ins Spiel, zu gelangen, die wiederum Ernsthaftigkeit durch Humor kompensiert.

Fußnoten zu Kapitel VI

1. Lesenswert im Zusammenhang mit dem Zynismus-Begriff ist F.C.Delius' Aufsatz aus dem Jahr 1996, in dem er mitunter Zynismus gegen Humor abgrenzt: „Das Gegenteil von Zynismus (liegt) ... erstens in der Kunst und zweitens ... im Humor. Humor, den ich im Sinne von Jean Paul verstehe als „die Frucht einer langen Vernunftskultur". - also Stärke, Widersprüche auszuhalten und in der eigenen Person zu bändigen, und die Fähigkeit, Komik zu erkennen, wo andere nur Panik und Untergang sehen. Oder, nach Freuds Definition, „Ähnlichkeiten zwischen Unähnlichem, also versteckte Ähnlichkeiten zu finden". (Delius, S. 27ff, s. Weiterführend Leseliste)
2. Siehe Rezension zu *Auftritt Manig*s von Enzensberger.
3. Verschiedene Kritiker deklarieren Lettaus Humor unterschiedlich. Die einen sprechen von Ironie, die anderen von Komik, wieder andere von Sarkasmus oder Parodie.
4. Es handelt sich hierbei um folgende Stücke: 1, 13-16, 20, 25, 30-33, 35, 39, 42, 43, 45, 46 und 50-56.
5. Als Ausdruck seiner Hochachtung vor diesem Schriftsteller hatte Lettau eine Porträtzeichnung Kleist darstellend in seinem Büro in San Diego an seiner Wand befestigt.
6. Heinrich Kleist „Über das Marionettentheater" in *Werke in zwei Bänden*, Berlin und Weimar: Aufbau Verlag, 1983, S. 318 (s. Weiterführende Leseliste)
7. Lettau fühlte sich als schriftstellerische Verkörperung des Bausch-Theaters. (s. Gespräch mit Jörg Magenau: Fortgesetzter Rückzug aus der Bedeutung vom 9.4.93, Allgemeines und Interviews)
8. Wie im übertragenden Sinne Martin Lüdke seine Rezension zu *Zur Frage der Himmelsrichtungen* betitelte: „Mit leichter Hand ein übles Spiel." (s. *Zur Frage der Himmelsrichtungen*)
9. Siehe Jean Paul „Über die humoristische Poesie", zitiert nach *Die deutsche Literatur in Text und Darstellung*, Band 7: Klassik, S. 106.
10. Lettau liebte Menschen, die lachen konnten. Rief er doch seinen Verleger in München von Zeit zu Zeit aus Kalifornien an, nur um ihn lachen zu hören.
11. Wie schon zuvor erinnert diese Aussage an die zwei Gestalten aus Becketts *Waiting for Godot*. Rilke ist auch ein von Lettau geschätzter Autor, der sich mit marginalen Figuren beschäftigt, von denen er behauptet, daß diese allein glücklich sind.
12. Vergleich Schopenhauers Einstellung zur Musik.
13. Lettau nennt es auch „dauerndes Verlieren der Vergangenheit" in *ZH* 195.

14 An dieser Stelle möchten wir bemerken, daß die 57 *Manig*-Stücke ohne Frauen auskommen, die Atmosphäre eines britischen Herrenclubs forcierend. Der Artikel über Thurber gibt uns möglicherweise Aufklärung hierzu. Dort heißt es unter anderem: „Die Frauen erscheinen ... als die Feinde der Phantasie und des Spiels" (*ZH* 45). Da es in *Manig* gerade um Spiel und Phantasie und deren freiheitlichen Umgang geht, können Frauen folgerichtig nur als Störfaktor verstanden werden, treten daher erst gar nicht in Erscheinung.

15 Vergleich der Artikel von Dieter Hildebrandt: Hammers Zirkel vom 2.12.67. (s. Allgemeines und Interviews)

16 Siehe die Happenings, die Lettau mit Vostel veranstaltete.

VII. Kapitel

Schlußbetrachtung[1]

Manigs Mantel birgt Lettaus Freiheit

„So fangen Sie mich nicht", sagt Manig am Ende von Stück 25, betitelt *Versuche*. Dieser Ausspruch könnte von Lettau selbst stammen, der unser Vorhaben gewittert und die Durchführung beobachtet hat. Zwar stimmt es, daß wir Lettau nicht gefangen haben, in dem Sinne, daß wir ihn eindeutig in der deutschsprachigen Literatur plazieren könnten und seinem Werk einen simplen Zugang verschafften. Als gelungen verstehen wir dennoch den Versuch, uns Lettau genähert zu haben. Die im Vorwort erklärte Feststellung, Lettau sei durch seine Zickzackschwünge ein ständig Entweichender, der schwer zu fassen bleibe, läßt sich nach eingehender Lektüre besser verstehen. Lettau wollte nicht einfach greifbar, für alle Welt entblößt auf eine Sache festgelegt in einem Kritikerregister verschwinden. Er gab Rätsel auf, weil ungelöste Rätsel Teil seiner Kunstästhetik und Lebensphilosophie waren.

Unser Hauptaugenmerk richteten wir auf Lettaus zweites Buch *Auftritt Manigs*. Die herausgearbeitete Quintessenz dieses Buches lautet, „daß auch die Art und Weise, wie jemand den Kopf aufstützt, etwas über die Person aussagt." Der von dem Schriftsteller gegebene Hinweis, das letzte *Manig*-Stück habe sein Schreiben des *Manig*-Buches angeführt, griffen wir auf, um die in diesem Stück identifizierten Einfälle in den anderen 56 Kurztexten wiederzufinden. Die Analyse des Einzelstücks bedeutete eine exemplarische Erarbeitung, die den Blick in die Tiefe zuließ. Eine rein theoretische Auseinandersetzung mit Lettaus Essays hätte den Zugang zu dem Schriftsteller in der ausgeprägten Form nicht ermöglicht. Der Einblick in Lettaus individuelle Strukturen erhellte dessen Arbeits- und Leseweise.

Im folgenden fassen wir die wichtigsten Kernpunkte der vorliegenden Arbeit zusammen. *Auftritt Manigs* präsentierte sich als Buch, in dem

(1) Lettau sich hinter dem namentlich genannten Protagonisten als Mensch versteckt.
(2) Beliebigkeit kristallisierte sich als Ordnungsprinzip heraus.
(3) Ambivalenz bewährte sich als Lettaus dominierende Denkstruktur.
(4) Das Fragment demonstrierte sich als Lettaus bevorzugtes Genre.
(5) Inhalt wird bei Lettau durch Form strukturiert.
(6) Lettaus Stil borgt Kindliches.
(7) Seine Sprache ist eigensinnig.
(8) Humor heißt für Lettau nicht unbedingt lustig.
(9) Wahrheit ist keine Selbstverständlichkeit.
(10) *Manig* bescheinigt Lettau eine später nicht wieder erlangte Freiheit.

(1) Manig ist nicht gleich Manig

Das Buch vertieft nicht etwa die Geschichte einer Persönlickeit, deren Name Manig ist, sondern sie nimmt in ihr nur den Ausgangspunkt. Außer einer vermehrten Aneinanderreihung von *Manig*-Stücken zu Beginn des Buches und einer ebensolchen Ansammlung von Nicht-*Manig*-Stücken am Ende konnten wir keine Regelmäßigkeit der Anordnung in diesem Buch finden. Allem Anschein nach wollte Lettau gegen Ende sichergehen, daß das Buch nicht mißverständlich als Geschichte eines Protagonisten mit Namen Manig aufgefaßt wird und hat deshalb den *Auftritt Manigs* überwiegend ohne Manig enden lassen. Kurz vor Ende liest man z. B. sieben Mal über Spiele von Herren, ohne Manig. Das allerletzte Stück hingegen richtet unsere Aufmerksamkeit auf einen bis dahin unbekannten Ich-Erzähler, der sich als eigentlicher Protagonist herausstellt. Lettau selbst spricht hier, der über den Manig-Umweg von seiner Einbezogenheit in die vorherrschenden historischen Begebenheiten Auskunft erteilt[2] und auf künstlerische Strömungen hinweist.[3]

(2)   Beliebigkeit als Ordnungsprinzip

Beliebigkeit kristallisierte sich als Lettaus vorherrschendes Ordnungsprinzip heraus. Beliebig ist die Anzahl der Stücke, beliebig ist die Auswahl der menschlichen Gebärden, auch der einzelne Einfall, und beliebig ist die Reihenfolge. Bei Lettaus peniblem, bisweilen gekünstelt wirkendem Sprachaufbau, mag diese vermehrte Beliebigkeit verwundern. Für Lettau ist Beliebigkeit eine Form der Ordnung, für den Leser wirkt sie undurchschaubar. Beliebigkeit als Ordnungsprinzip bedeutet Vorliebe für die Flexibilität und das Nicht-Festlegen. Das Motto heißt: Nicht vorher planen, was sich noch ändern könnte. Dies bedeutet wiederum hohe Risikobereitschaft, da der Fort- und Ausgang noch während des Schreibprozesses ungewiß ist. Der Erzähler und über ihn hinaus der Verfasser der Texte bleiben bei dieser Art des Schreibens unsichtbar. In ihrer Unsichtbarkeit kann der Textbetrachter sie nicht „einfangen". Sie verweisen gleichsam wie Herbert Marcuse auf etwas Wichtigeres als sich selbst.[4] Beliebigkeit des Erzählers zwingt den Leser zu höchster Aufmerksamkeit, wie Lettau es im Kafka-Kontext formulierte: „gespannteres Sitzen am Schreibtisch".[5]

(3)   Lettaus dominierende Denkstruktur ist die Ambivalenz

Im Vorwort erklärten wir vorsichtig, daß Lettaus Leidenschaft, nach dem Nicht-Offensichtlichen zu fragen, ihm allgegenwärtige Ambivalenz beschere. Es stellte sich heraus, daß Lettaus Denken und Handeln gleichermaßen von der Ambivalenz als Teil der Beliebigkeit durchzogen sind. Im zweiten Kapitel arbeiteten wir Lettaus vielseitige Ambivalenz heraus. Wir erkannten sie auf formalem, inhaltlichem und ästhetischem Terrain. Ambivalenz ermöglicht ein antithetisches Bewußtsein, das Gegensätzlichem Raum gibt. Sie gestattet ihrerseits Verzögerung, um Widersprüchlichkeiten einer Sache zunächst zu beobachten, und schließlich beides kompromißlos nebeneinander bestehen zu lassen. Die Auslassung der Synthese bedeutet Freiheit des vorgestellten Materials.

(4) Fragment als Genre

Beliebigkeit birgt ein Plädoyer für das Fragmentarische. Genau genommen sind Lettaus Bücher bis auf das erste *(Schwierigkeiten beim Häuserbauen)* alle fragmentarisch. Selbst sein als Roman bezeichnetes letztes Buch *Flucht vor Gästen* liest sich kaum anders als eine Aneinanderreihung von Fragmenten. Seine Texte erinnern an Romantiker, wie bspw. Novalis und dessen *Hymnen an die Nacht*, aber auch an Kafkas *Hochzeitsvorbereitungen auf dem Lande* oder an Rilkes *Malte Laurids Brigge* und in ihrer Staccatoform selbst an Büchners *Woyzeck*. Für Lettau sind fragmentarische Werke vollendete Bücher. Vollendet hinsichtlich ihrer individuellen Einfälle. Durch ihre Form laden diese immer wieder zum Lesen ein. Man kann sie in einem Moment aufnehmen, darin beliebig lange lesen, um sie dann nach unbestimmter Zeit wieder aus der Hand zu legen. Lettau nennt dies Bücher, in denen man lesen kann, aber die man nicht lesen muß.[6] Fragmentarisches Schreiben heißt auch reduzierender Modus. So wie das Lesen eines Fragments den Leser mit dem Gefühl der Unvollendetheit hinterläßt, fordert das Schreiben den Schreibenden dazu heraus, den vollendenden Teil des Geschriebenen wegzulassen, gleichwohl das Stück und Buch um diesen Teil zu reduzieren. In den Kapiteln II und IV sahen wir, daß Lettau unvollendet schreibt. So hat sich Lettau im Verfassen eigener Werke an seine Vorliebe des immer wieder zum Lesen einladenden Buches gehalten, das den reduktiven Stil bevorzugt anwendet, somit das Fragment als Genre postuliert.

(5) Die Form strukturiert den Inhalt

Lettau ist bemüht, durch die verkürzende Form, Inhalte in ein neues Licht zu rücken. Vordergründig wird der Mensch als Gast und Feind porträtiert (Kapitel III). Darüber hinaus sucht er durch stilistische Kaprizen das Thema Mensch in ungewöhnliche Nachbarschaften zu rükken, um ihm mit neuen, anderen, teilweise befremdenden und vor allem beliebigen Anblicken zu begegnen. Ein bei Lettau dominantes, mit der Reduktion eng verbundenes Stilelement ist die Auslassung. Diese verleiht Lettaus Büchern Autonomie (Kapitel IV). Auslassung heißt „jemanden unter Ausschluß von allen störenden Qualifikationen zu beschreiben."[7] Der Mensch wird in seinen Gesten und dem nach innen gerichteten Blick betrachtet. Auslassung bedeutet Beschränkung auf wenige Utensilien: Simple Gebrauchsgegenstände wie Löffel, Glas und Stuhl oder Hut und Mantel. Die Aufgabe lautet, mit immer gleichen Elementen „wie im wissenschaftlichen Experiment"[8] beständig neue Variationen zu kreieren.

Am Beispiel kurz erläutert: Lettau stellt uns Herren vor, die sich immer wieder treffen, um erneut auseinanderzugehen. Er läßt Manig eintreten, um ihn nach einer oberflächlichen Entkleidungszeremonie erst als tatsächlich eingetreten gelten zu lassen. Er läßt Manig auf eine Gesellschaft zutreten, der wir durchaus zugehörig sein könnten, die er als stiller Beobachter wieder verläßt. All dies Alltäglichkeiten, Banalitäten, wie vielerorts in den Kritiken zu lesen ist, die belanglos scheinen, da sie Zeitgeschichte nicht beim Namen nennen. Weil Lettaus Bücher der Konkretheit von Namen, Orten, und der Zeit entbehren, sind sie nach Herbert Marcuse als permanente Kunst einzuschätzen. Die Form macht Kunst revolutionär, wie Marcuse es formuliert, wenn er über revolutionäre Kunstwerke spricht: „Sie sind revolutionär durch die Form, die diesem Inhalt gegeben ist und in die der Inhalt nur als verwandelter, verfremdeter, vermittelter eingeht: Verwandlung der Aktion, der Sprache, der Bilder, der Werte."[9] Lettau begegnet Inhalt durch Form.

(6)   Lettaus Stil borgt Kindliches

Stilelemente, die Lettau für seine besondere Form wählt, sind überwiegend aus der kindlichen Erfahrungswelt geborgt: Wiederholung und Auslassung (Kapitel IV), Verzögerung, pausenlose Aufbruchstimmung und ständiger Neuanfang (Kapitel II), Spielerisches (Kapitel VI). Die Ausdrucksweise mithilfe dieser Elemente ist nach Maßstäben der Erwachsenenwelt die Beschäftigung mit Belanglosem. Die Auseinandersetzung mit den Lettauschen Stilelementen zeigte jedoch, daß gerade diese Elemente erfrischen und Autonomie ermöglichen. Wir entdeckten, daß sie unentbehrlich bei der Darstellung der bekannten Welt sind. Lettau ist ständig bemüht, sich diese kindlichen Elemente zu bewahren (Kapitel VI). Kindlich heißt für ihn, durch Freiheit geprägt. Das erlaubt ihm Fragen zu stellen, wach zu sein. Interessant hierbei ist die Tatsache, daß es nicht etwa Kinder waren, die Lettaus Aufmerksamkeit auf sich zogen, sondern vielmehr das Kindliche am Erwachsenen. Er war begeistert von Menschen, die nicht abstumpfen und gleichwohl ewig Fragende bleiben. [10]

(7)   Lettaus Sprache ist eigensinnig

Seine Sprache ist eigensinnig. Die Neudefinierung von Begriffen war nicht nur Lettaus Anliegen. Sprache war das Thema einer ganzen Generation von Schriftstellern, wie in Bölls *Lesebuch* und Lettaus Dokumentarband *Handbuch zur Gruppe 47* - um nur zwei zeitgenössische Quellen zu nennen - in unzähligen Beiträgen dokumentiert wird. Jeder suchte eine Sprache, die von der für ideologische Zwecke mißbrauchten deutschen Sprache gereinigt war. Manche Begriffe wurden nach genauer Untersuchung gänzlich ausgeschlossen. Lettau bemühte sich um eine eigene Sprache, indem er Worte neu definierte (Kapitel IV) und sprachliche Wendungen aus einer Zeit vor dem dritten Reich verwendete. Auch spielt Lettau mit Sprache und führt Worte durch Auslassung zu ihrer eigenen Redundanz. Am Beispiel der Definierung des Wortes Freund läßt er Freunde sich dergestalt identifizieren, daß sie sich bei einem Rufer zusammenfinden. Sie artikulieren nicht ihre Freundschaft, sondern sie zeigen sie, indem sie sich zusammenfinden (oder an anderer Stelle, wenn sie gemeinsam die Treppe hinuntergehen). Dies beschreibend, weist Lettau darauf hin, daß Sprache nicht zwingend ein Vehikel der zwischenmenschlichen Verständigung ist. Vielmehr zeigt er durch die Betrachtung und Beschreibung von menschlichen Verhaltensweisen das Verhältnis von Menschen zueinander.

(8)   Humor

Entgegen der durch das präsentierte Material anzunehmenden Trivialität befassen sich Lettaus Bücher mit philosophischen Themen: Wahrheit, Sprache, Wahrnehmung. Der Umgang mit diesen Themen ist humoristisch, entfremdet sie daher von ihrem erhabenen Umfeld, macht sie leicht und frei. Humor in seinem Werk entsteht durch die flexible Assoziation des Nicht-Vorhersehbaren (ZH43) und durch Absichtslosigkeit (ZH44). Hinter seinem Humor versteckt sich der Clown mit der Träne. Harald Hartung spricht davon, daß Lettaus durchgängige Ironie die „Ratlosikeit des Artisten"[11] verrate. Diese Ratlosigkeit deutet auf Lettaus Suche nach der kindlichen Wahrnehmung hin, die er sich unter Berücksichtigung des Gesagten doch nicht immer bewahren konnte. Eine gewisse Deprimiertheit konnte Lettau nicht verheimlichen. „Lettau ist traurig." schreibt Jean-Luc Nancy in einem Sonderdruck aus Anlaß zu Lettaus sechzigstem Geburtstag: „Er will niemanden veralbern. Aber wie soll man die Dinge nicht so sagen? Und wieso begreifen die Leute nicht Dinge, die so einfach sind?"[12]

(9) Wahrheit ist keine Selbstverständlichkeit

Lettau beobachtet und beschreibt die simpelsten und vordergründigsten menschlichen Verhaltensweisen, ohne sie zu bewerten.[13] Wahrheit heißt bei Lettau Verifizierung von Wahrnehmung (Kapitel V). Er stellt Realität dar, um darauf aufmerksam zu machen, wie wir sie gar nicht mehr wahrnehmen, da wir in ihr leben. Lettau strebt es an, uns von unserer Rolle als Teil des Alltags zu befreien, um unsere Aktionen doch wieder wahrzunehmen. Lettau fragt nach der Wahrheit der Wahrnehmung und will das so genannte Selbstverständliche bewahrheitet wissen, bevor er die Möglichkeit in Betracht zieht, es als solches anzuerkennen. Die Darstellung der Realität ist wiederum durch die ästhetische Form zu erlangen. „In diesem Sinn ist jedes Kunstwerk Anklage, Rebellion, Hoffnung. Es steht gegen die Wirklichkeit, die es doch präsentiert. Daß die Welt auch so ist, wie sie im Kunstwerk erscheint - das ist die Wahrheit der Kunst, die in der ästhetischen Form zum Ausdruck kommt," wie Marcuse es formuliert. Lettau spricht aus, was wir oft gar nicht mehr sehen und denken, weil der Zugang zum Elementaren durch die Beschäftigung mit vorangestellten Sinnfragen überlagert ist. Lettau ist Sinnsuche fremd, sie stößt ihn sogar ab.[14]

Die Suche nach der Wahrheit im täglichen Handeln und Schreiben hatte bei Lettau höchste Priorität.

(10) Manigs Freiheit

Auftritt Manigs ist ein Buch, das noch frei gegenüber den späteren Lettau-Büchern ist; frei hinsichtlich der ausdrücklichen Lettau-Persönlichkeit, die, beginnend mit *Feinde*, aus dem Werk herausschielt. Nach *Auftritt Manigs* werden die Werke Lettau-durchlässiger. Die Präsentation wird zunehmend direkter in der Preisgabe seiner Anschauungen. In der mittleren Schaffensperiode (*Feinde* und *Täglicher Faschismus*) wird Lettaus persönlicher Zorn transparent. Der späte Lettau resigniert und versucht mit Humor die Resignation zu überspielen. Bei *Manig* hingegen haben wir noch eine Form der reinen l'art pour l'art.

Die Freiheit, frei zu schreiben, bewahrt sich Lettau sein ganzes Schriftstellerleben lang. Solange er schreibt, kämpft er um das befreiende Schreiben. Er wehrt sich gegen die Unfreiheit des prädestinierten Blicks, gegen die vorgefaßten Ideen, gegen Antworten. Ihm bedeutet Freiheit, ewig zu fragen, Umgangsformen als Sprachspiele zu betrachten und Sprache als etwas Ursprüngliches wiederzuentdecken. Allerdings erreicht Lettau die in *Manig* ungetrübte Freiheit so nicht mehr. Denn, obwohl Lettau auch hier Lettau ist, kommt er nicht zum Vorschein, umhüllt sich mit Manigs Mantel, der dem Schriftsteller die Freiheit schenkt, das Werk für sich sprechen zu lassen.

„Nichts ist langweiliger als festgewurzelt in den Boden jedem Blick, jedem Wort Rede stehen zu müssen."[15] Dieser Satz könnte von Lettau stammen, geschrieben wurde er jedoch von einem, der nun im Tode kaum zwei Meter von ihm entfernt liegt, ETA Hoffmann. Wie Hoffmann war Lettau fasziniert von den simplen Begebenheiten, vom Unbedeutenden, sowie vom Spielerischen und Tänzerischen, weil er in dem Tun das Wahre des Menschen sich enthüllen sah. Lettaus Prosa ist kompakt, sein Stil dicht, seine Beobachtung lebendig und detailliert, seine künstlerische Konsequenz von außerordentlicher Geradlinigkeit geprägt.

Seine Stimme war am Schluß leiser. Nun spricht sie noch durch seine Freunde und Weggefährten. Doch bevor auch deren Stimmen vollends verstummen[16], wollen wir Lettau neues Gehör verleihen. Mit dieser Arbeit wollen wir dem Schriftsteller einen bleibenden Platz auch in der literarischen Forschung sichern. Sein Werk ist es wert, mit der jungen

Generation geteilt zu werden, um die Faszination an seinen Sprachkaprizen und seiner Poetik neu zu entfachen und weiterzutragen.

Fußnoten

1 Die nun folgende Schlußbetrachtung ist das, was Lettau seinem Leser nicht mitteilen würde: Die Auswertung gewonnener Eindrücke. Die Synthese der These von dem, was wir wollten, und ihrer Antithese von dem, was wir tatsächlich machten. Geneigte Lettau-Leser sollten an dieser Stelle die vorliegende Arbeit niederlegen, um selbst ein Schlußwort zu finden. Der Vollständigkeit halber schließen wir es unserer Analyse an.

2 In jüngster Zeit bemüht sich ein Forscher an der Hermann-Lietz-Schule auf Schloß Bieberstein um die Beweisführung seiner Behauptung, daß Lettau Opfer deutsch-deutscher Verhältnisse war.

3 Die darstellende Kunstform der PopArt und die schriftstellerische Kunstform der Konkreten Poesie fielen uns hier in Augenschein.

4 Siehe Lettaus Aufsatz „Schwierigkeiten über Marcuse zu schreiben" aus Anlaß von Herbert Marcuses siebzigsten Geburtstag, zuerst abgedruckt in Frankfurter Rundschau, 14 Jul.1973.

5 *Zerstreutes Hinausschaun*, S. 187, vgl. Kapitel I. Auch Urs Widmer äußerte sich hinsichtlich dieser Thematik: Immer wieder ist neu zu lesen, um nicht die kleinste Nuance zu überlesen.

6 „Am schönsten in der Kunst sind immer die Anfänge, nach den Anfängen kommt gleich das Ende. Und dieses Ende kommt, weil man sich, ehe man anfing, eine Handlung (neudeutsch: „Plot") ausgedacht hatte, die sich das Material dienstbar macht, das man nur noch wahrnimmt in seiner der Handlung ergebenen Funktion; erniedrigt muß es sich zu Bedeutungen hergeben, die uns meist schon länger bekannt sind (*topisch*: Nazis, Stasi etc.; *ewig gültig*: Liebe, Tod, Natur etc.). Aus diesem Grund ...habe ich immer Bücher am liebsten gehabt, die man nicht lesen mußte, sondern *in* denen man lesen konnte, z.B. Novalis, der seine Romane, die aus zwei oder drei Sätzen bestanden, einfach nummerierte: Fragment als Genre." Dies schrieb Lettau in einer Rezension der Tagebücher von John Cheever vom 4 Nov.1994.

7 S. Gespräch mit Jörg Magenau vom 9 Apr.1993. (s. Allgemeines und Interviews)

8 ebd.

9 Marcuse *Permanenz der Kunst*, S.8ff. Im weiteren sagt Marcuse ebd.: „Wenn man überhaupt sinnvoll von revolutionärer Kunst sprechen kann, dann nur im Hinblick auf das Kunstwerk selbst, in seinem eigenen (ästhetischen) Bereich, als Form gewordener Inhalt." (s. Weiterführende Leseliste)

10 Um eine Stelle aus Lettaus letztem unveröffentlichten Text *Grammercy Park* zu zitieren: „... erzähl' es noch einmal, riefen wir in der Sprache der Kinder oder

der Hunde, deren Lieblingssache die Wiederholung ist, winzige Variation des Vorigen, da doch alles, was schön ist, vorbei ist." Handschriftlich schreibt Lettau seine eigenen Gedanken zusammenfassend an den Textrand: „Disappointment of adulthood" (Enttäuschung des Erwachsenenlebens), um sich selbst zu vergegenwärtigen, daß es die kindlichen Elemente sind, die es in diesem Lebensabschnitt, der den weitaus größeren im Leben eines Menschen ausmacht, zu bewahren heißt.

11 Harald Hartung in „Schwierigkeiten beim Häuserbauen" vom 9 Sep.1989 in der FAZ. (s. Allgemeines und Interviews)

12 Jean-Luc Nancy *Auftritt Lettaus*. (s. Allgemeines und Interviews)

13 So wie Jörg Magenau in seinem Nachruf in der Wochenpost bemerkt: „Die Dinge leicht und schwebend halten, nicht urteilen, das war sein Ziel."

14 Vgl. Lettaus Aussagen im Spiegel Interview „Ideen gehören ins Kino.", das Doja Hacker im März 1995 mit Lettau führte. In diesen Kontext gehören auch Lettaus Gedanken über John Cheevers Tagebücher, die in *Die Woche* vom 4 Nov.1994 zu lesen sind.

15 ETA Hoffmann. *Prinzessin Brambilla*. (s. Weiterführende Leseliste)

16 Siehe auch den Nachruf von Rolf Schneider in der Berliner Morgenpost vom 18 Jun.1996. (s. Zum Tode)

Literaturverzeichnis

Die Primär- sowohl als auch die Sekundärliteratur wurde durch Einsichtnahme in folgende Archive bzw. Bibliographien zusammengetragen:

1. Archiv des Hanser Verlags, München,
2. Akademie der Künste, Berlin,
3. Archiv („Special Collections") der Universität von Kalifornien in San Diego (UCSD), La Jolla, Kalifornien,
4. Archiv der Wochenzeitung *Die Zeit*, Hamburg,
5. Archiv der Wochenzeitung *Der Spiegel*, Hamburg,
6. KLG (Kritisches Lexikon zur deutschsprachigen Gegenwartsliteratur),
7. G.Albrecht/G.Dahlkes. Internationale Bibliographie zur *Geschichte der deutschen Literatur* (München ab 1969),
8. Eppelsheimer/Köttelwesch. *Bibliographie der deutschen Literaturwissenschaft* (Frankfurt ab 1957) und *Jahrgänge der Germanistik*,
9. *IBZ* (Internationale Bibliographie der Zeitschriftenliteratur, Dietrich A und B) und Zeitungsindex von Willi Gorzny (München ab 1974).

Der Nachlaß befindet sich in der Akademie der Künste, Berlin. Wie mir auf meine aktuellste Anfrage (datiert Januar 2001) mitgeteilt wurde, gibt es neue Übergaben zum Nachlaß, die jedoch wie alles dort Hinterlegte aus erbrechtlichen Gründen bis zum heutigen Tag für die Öffentlichkeit nicht einsehbar sind.

Bibliographische Angaben, die möglicherweise im Internet gefunden werden können, wurden in diesem Literaturverzeichnis nicht berücksichtigt.

Trotz des Umfangs der bibliographischen Angaben erhebe ich nicht den Anspruch auf Vollständigkeit.

A. Werkverzeichnis des Autors Reinhard Lettau

Für die Arbeit mit Lettau empfehlen wir folgende Werkausgaben: Das jetzt im Handel erhältliche Exemplar

- *Alle Geschichten,* herausgegeben von Dawn Lettau und Hanspeter Krüger. Hanser Verlag: München, 1999. Die vorliegende Arbeit hat aus dieser Ausgabe zitiert, im laufenden Text als *AG* abgekürzt.
- *Zerstreutes Hinausschaun,* Hanser Verlag: München, 1981. Im fortlaufenden Text als *ZH* abgekürzt.
- *Täglicher Faschismus,* Leipzig: reclam, 1973. Im Text als *TF* abgekürzt.

Der z.Zt. vergriffene *Tägliche Faschismus* soll in einem nächsten Projekt alle essayistischen Schriften Lettaus sammeln und ist wiederum durch Dawn Lettau und Hanspeter Krüger schon in Arbeit. Wünschenswert wäre noch ein dritter Band, der die noch nicht in Buchform erschienenen zahlreichen Aufsätze Lettaus zusammenfaßt.

Das Werkverzeichnis der vorliegenden Bibliographie ist unterteilt in Bücher (I), Artikel (II), Radio/TV/Schauspiele (III), Verschiedenes (IV). Es ist chronologisch geordnet, unter Angabe von Zweit- und Drittpublikationen, sowie Übersetzungen, soweit bekannt.

I. Bücher

Schwierigkeiten beim Häuserbauen, Geschichten. München: Carl Hanser Verlag, 1962, 1963, 1964, 1969 (mit einem neuen Text „Der wahre Zauberer"), 1979 (zusammen mit *Auftritt Manigs*). Auch erschienen in München: dtv, 1965, 1974. Weiterhin in Berlin: Ullstein Taschenbuchverlag. Ebenso unter dem Titel *Herr Strich schreitet zum Äußersten*, Geschichten. Stuttgart: Reclam, 1982. Seit 1988 in Marburg: Arbeitsgemeinschaft der Blindenhörbüchereien (Tonträger) und in Frankfurt/Main: Fischer Taschenbuch Verlag. Übersetzungen: Arena, Fredensborg; Calder, London; Pantheon Books, New York; Editions Rencontre, Lausanne; Librairie PLON, Paris; Mondadori Editore, Milano; Bonniers Förlag, Stockholm; Ediciones Destino, Barcelona.

Auftritt Manigs. München: Carl Hanser Verlag, 1963. Übersetzungen: Pntheon Books, New York; Editions Rencontre, Lausanne; Union Générale d'Éditions, Paris; Mondadori Editore, Milano; Bonniers Förlag, Stockholm.

Drei Geschichten. Berlin: Castrop-Rauxel, 1964.

Lachen mit Thurber. Hg. von Reinhard Lettau. Hamburg: Rowohlt Verlag, 1964.

Zwölf Gesellschaftsromane. Berlin: Rixdorfer Drucke, 1967.

Die Gruppe 47, Bericht, Kritik, Polemik, Ein Handbuch. Hg. von Reinhard Lettau. Berlin: Luchterhand, 1967.

Gedichte. Berlin: Literarisches Colloquium, 1968.

Feinde. München: Carl Hanser Verlag, 1968, 1969. 1970. Auch erschienen in München: W. Heyne Verlag, 1981. Übers. seit 1978: Editions du Seuil, Paris; Calder & Boyars, London; Pantheon Books, New York; Editions Rencontre, Paris.

Täglicher Faschismus, Amerikanische Evidenz aus sechs Monaten. Aus dem Amerikanischen übersetzt von Hanns Zischler und Reinhard Lettau. München: Carl Hanser Verlag, 1971. Auch erschienen in Reinbek: Rowohlt Taschenbuchverlag und Leipzig: Verlag Reclam.

Immer kürzer werdende Geschichten & Gedichte & Porträts. München: Carl Hanser Verlag, 1973.

Franz Kafka *Die Aeroplane von Brescia*. Hg. von Reinhard Lettau. Frankfurt/Main: Fischer, 1977.

Karl Marx *Love Poems*. Hg. zusammen mit Lawrence Ferlinghetti. San Francisco: City Light Books, 1977.

Sittenjournal. Schloß Gümse: Rixdorfer Drucke, 1977.

Frühstücksgespräche in Miami. München: Carl Hanser Verlag, 1977.
   Auch erschienen seit 1978 in Frankfurt/Main: Fischer Verlag. Übers. seit 1978, Editions du Seuil, Paris; Riverrum Press, New York.

Der Irrgarten, Geschichten und Gespräche. Leipzig: Reclam, 1980.

Zerstreutes Hinausschaun. Vom Schreiben über Vorgänge in direkter Nähe oder aus der Entfernung von Schreibtischen. München: Carl Hanser Verlag, 1980. Auch erschienen in Frankfurt/Main: Fischer, 1982.

Zur Frage der Himmelsrichtungen. München: Carl Hanser Verlag, 1988.
   Auch erschienen in Frankfurt/Main: Fischer Taschenbuch Verlag.

Flucht vor Gästen. München: Carl Hanser Verlag, 1994.
   Auch erschienen in Marburg: Arbeitsgemeinschaft der Blindenhörbüchereien (Tonträger) und in Frankfurt/Main: Fischer Taschenbuch Verlag.

Reinhard Lettau's renovierter Rübezahl. Schloß Gümse: Rixdorfer Drucke, 1996.

Alle Geschichten. Herausgegeben von Dawn Lettau und Hanspeter Krüger. München: Carl Hanser Verlag, 1998.

II. Artikel

Die Auflistung der von Reinhard Lettau verfaßten Artikel erfolgt in chronologischer Ordnung, unter teilweiser Berücksichtigung von Zweit- oder Drittpublikationen. Auch finden sich in der folgenden Liste wenige von Lettau nicht in Sammelbänden abgedruckte vereinzelte, verstreut publizierte Geschichten.

„Rilkes Zyklus: Die Parke" *Monatshefte* (Smith College), Mai 1952.

„Mystery and Crime." *Frankfurter Allgemeine Zeitung* (Frankfurt/Main) 1954.

„Auf der Suche nach der blauen Blume." ER. *Luchterhand Verlag* (Neuwied) 1961.

„Jakov Lind: Eine Seele aus Holz." *Abendzeitung* (München) 21. Nov.1961.

„Nach Gotha." *Clou* (Egnach/Schweiz) Nr.10, Oktober 1962.

„Exempel." *Diskus* (Frankfurt/Main) Dezember 1962.

„Günter Ruber: Die Zeitinsel." *Deutsche Zeitung* (Köln) 1962

„Der neue Botschafter." *Die Zeit* (Hamburg) Nr.20, 17. Mai 1963.

„Zeitmuseum der 100 Bilder. Reinhard Lettau: Schönheit in der Beschränkung." *Die Zeit* (Hamburg) 1963.

„Fluchten im Zickzack. John Updike: Hasenherz." *Die Zeit* (Hamburg) 30. Aug.1963.

„John Knowles: In diesem Land." *Die Zeit* (Hamburg) 5. Jun.1964.

„Schwierigkeiten, heute die Wahrheit zu schreiben." *Nymphenburger* 1964.

„What about Group 47?" *Yale German Review*, Spring 1965.

„It's Time for a Change. Plädoyer für eine neue Regierung." *Rowohlt Literatur-Magazin* (Hamburg) 1965.

„Warum nicht ein nackter Mönch? Eine Dokumentation des 'Literarischen Colloquiums'." *Die Zeit* (Hamburg) Nr.34, 1965.

„J.D.Salinger: Hebt den Dachbalken hoch…" *Die Zeit* (Hamburg) 10. Dez.1965.

„Die Verantwortung beim Schreiben. J.D. Salinger:'Hebt den Dachbalken hoch, Zimmerleute' und 'Seymour wird vorgestellt.'" *Die Zeit* (Hamburg) 14. Dec.1965.

„Walter Hasenclever. Ed. Prosaschreiben…" *Die Zeit* (Hamburg) 20. Aug.1965.

„Erwachsen in Deutschland. Über Peter Faecke: Der rote Milan." *Der Spiegel* (Hamburg) Nr.28, 10. Nov.1966.

„Wiedersehen auf dem Bahnhof Friedrichstraße oder Vorschlag, die Polizei aufzulösen." *Akzente* (München) Nr.4, 1966.

„Vernichtungsspiele. Bemerkungen zum Neumannschen Feuchten Fleck." *Sprache im Technischen Zeitalter* (Berlin) Oktober-Dezember, Nr.20, 1966.

„Journalismus als Menschenjagd." *Kursbuch* VII, 1966.

„John Updike: Der Zentaur." *Der Spiegel* (Hamburg) Nr.28, 1966.

„Satellitenmentalität. Ein 'Berliner Brief.'" *Merkur*, 1966.

„Guten Tag, Herr Hitler." *Literatur Journal*, 30. Jan. 1967.

„In Rufweite."(Gedicht) *Die Zeit* (Hamburg) Nr.10, 10. Mär. 1967.

„Politik und Literatur." *Die TAT* (Zürich) 14 . Apr. 1967.

„Living Theater in Berlin." *Die Zeit* (Hamburg) 14. Apr. 1967.

„Im Namen des schlichten Bürgers." *Die Zeit* (Hamburg) 14. Apr. 1967.

„Die Achillesferse der Seele. (Auszug aus einem Interview mit Judith Malina). *Die Zeit* (Hamburg) Nr.15, 1967.

„Im Namen des schlichten Bürgers. Zu einem Aufsatz im 'Monat'." *Die Zeit* (Hamburg), Nr.28, 1968.

„Peter Bichsel: Die Jahreszeiten" *Der Spiegel* (Hamburg) 18 Jul. 1967.

„Norman Mailer, Allen Ginsburg, Lawrence Ferlinghetti, Robert Duncan, John Wieners, John Updike, Truman Capote and Robert Creely: Introductions to their works." In *WDR-TV Network* (Köln) November 1967.

„Ruhe in Berlin." (Gedicht) *Die Zeit* (Hamburg) Nr.50, 15. Dez. 1967.

„Invitation til sommeruvejr." *Tyske Noveller* (Stockholm) 1967.

„Dementi, eine Rede vom 21.2.68 betreffend." *Die Zeit* (Hamburg) Nr.14, 1968.

„Ein Brief aus La Jolla." *Bulletin*, 1968.

„Ist eine Revolution vermeidlich?" *Der Spiegel* (Hamburg) 1968.

„Klage des Einwanderungsbeamten." (Erzählung) *Die Zeit* (Hamburg) Nr.33, 16. Aug. 1968.

„Über die Servilität der Presse." In: *Berliner Demonstrationen: Ein Modell*. Voltaire (Berlin) 1967. Ebenso in: *Die Tat, Berliner Extrablatt* und *Tintenfisch* 1968.

„Hubert Selby. Last Exit to Brooklyn." *Der Spiegel* (Hamburg) Nr.43, 21 Okt.1968.

„Ein Buch - zwei Meinungen" (about Selby, rev. by Victor Langer) *Norddeutscher Rundfunk* 15. Okt. 1968.

„Dear Abbey - Briefe aus US-Zeitungen." *Sender Freies Berlin*, November 1968.

„In der Umgebung." Zur Nacht. *Westdeutsches Fernsehen*, 1969.

„Bestrafung eines Gastes." Lesebuch 9.-10.Schuljahr, Stuttgart: Ernst Klett Verlag, 1969.

„Mehrheit", „Not Forthcoming Publications", and „Paralipomena." *Tintenfisch* II Jahrbuch für Literatur (Berlin) 1969.

„Kieninger, nicht Held." In: *Literatur im Spiegel*. Hamburg: Rowohlt Verlag, 1969.

„Poems." *Sender Freies Berlin*, 1969.

„Poetry - After Auschwitz?" *502*, Winter 1969.

„Täglicher Faschismus, Evidenz aus 5 Monaten." *Kursbuch* XXII, 1970.

„Giornalistico come caccia all uomo." *L'Opposizione Extraparlamentare* (Milano) A Mandadori Editore, 1970.

„Sechs Nachrichten." *Akzente* (München) Vol.XVII, 1970.

„Gespräch mit Jürgen Becker." In: *Selbstanzeige, Schriftsteller im Gespräch*. Frankfurt: Fischer Verlag, 1971.

„Über Kollaboration." *Tintenfisch* IV, Jahrbuch für Literatur (Berlin) 1971.

„Die Tarnsprache der Gewalt. Bemerkungen zur Sprache der Herrschenden." *Frankfurter Rundschau* (Frankfurt) 1971.

„Entschuldigungssprache." *Süddeutsche Zeitung* (München) 25. Jun. 1971.

„An einem Tag wie jeder andere." *Konkret* (Hamburg) 25. Mär. 1971.

„Statement." *Tendenzen*, 1971.

„Absage eines Briefs." In: *Motive, warum ich schreibe*. Basel: Erdmann, 1971.

„Nachrichtensendungen im Fernsehen" In: *Rund ums Fernsehen*. Vol.20, Nr.2,1972. Erneut in: *Kritik des Fernsehens*. Darmstadt: Luchterhand, 1973.

„Schwierigkeiten, über Marcuse zu schreiben." *Frankfurter Rundschau* (Frankfurt) 14. Jul. 1972.

„Reversible Tatsachen." (zusammen mit Herbert Marcuse verfaßt) *Frankfurter Rundschau* (Frankfurt) 14. Jul. 1972.

„Bildnis Rudi D." in Rudi Dutschke, *Versuch, Lenin auf die Füße zu stellen*. Berlin: Wagenbach Verlag, 1974.

„Gespräch über Bücher." Süddeutscher Rundfunk, 22. Jul. 1974.

„Bob Dylan schwitzt weniger." *Der Spiegel* (Hamburg) Nr.3, 1974.

„Eitle Überlegungen zur literarischen Situation." *Literaturmagazin* 4, 1975. Wieder in *Konkret*, Oktober 1975; Reaktionen auf diesen Artikel in *Konkret*, November 1975, Dezember 1975 und Januar 1976; Fußnoten zu diesem Artikel wurden wieder abgedruckt in „Literatur im Widerstand mit vielleicht veralteten Mitteln." In *Tintenfisch* 8 (Berlin) bei Wagenbach 1975; auch im Rundfunk bei *Sender Freies Berlin*, 20. Mai und 2. Aug. 1975.

„Unterhaltung über die Abschaffung der Kriege durch die Einführung gleichartiger Uniformen…" *Tintenfisch* 9, Wagenbach Verlag (Berlin) 1976.

„Der Ausnahmezustand als linguistisches Problem." *Berliner Hefte* (Berlin) Nr.2, 1977.

„Ein Beispiel für Bildkraft und Sprache." In *Und ich bewege mich doch/Gedichte vor und nach 1968*. Ed. Jürgen Theobaldy, München: C.H.Beck, 1977.

„Deutschland als Ausland." *Konkret* (Reaktionen auf diesen Artikel in *Konkret* Juni 1977). Wieder im Rundfunk *Sender Freies Berlin* am 2. Apr.1977. Erneut in *Wespennest*, 1989, S. 83-87.

„Las Vegas der Literatur." (Zur Frankfurter Buchmesse) *Die Zeit* (Hamburg) Nr.44, 21. Okt. 1977.

„Im Schweiße von Wagners Angesicht." *Der Spiegel* (Hamburg) Nr.49, 1977.

„Und dann... Und dann..." TV-Rezension in *Die Zeit* (Hamburg) Juli 1978.

„To later Generations/Bertolt Brecht." *Journal for the Protection of all Beings*. Übers. Lettau, Hrsg. Ferlinghetti, San Francisco, 1978.

„Deutschland als Ausland." In *Deutschland: Das Kind mit den zwei Köpfen*. Berlin: Wagenbach, 1978.

„Vorläufiges Vorzeigen oder die Nase von Höllerer." *Die Zeit* (Hamburg) Nr.46, 10. Nov. 1978.

„Denkwürdiger Besuch zweier Edelleute." Festschrift für Oskar Huth. Berlin, 1978. Wieder in *Tintenfisch* 14 Jahrbuch für Deutsche Literatur 1978 (Berlin) 1978.

„Am Fenster, mit Marcuse." *Akzente* 3 (München) 1978.

„Antwortnote der Regierung von Israel..." *Konkret* (Hamburg) April 1978

„Langsam umfallendes Haus." *Konkret* (Hamburg) April 1978.

„Heute und die dreißig Jahre davor." *Ellermann* (München) 1978.

„Die Fetischisierung des Neuen." *Die Zeit* (Hamburg) 11. Mai 1979. Wieder in *Tintenfisch* 17 (Berlin) 1979.

„Ausbruch aus dem Germanisten-Ghetto." *Die Zeit* (Hamburg) Nr.10, 2. Mär. 1979.

„Die Entdeckung des Lachens als Schande/Erzählmodelle Kafkas." *Akzente* XXXI (München) Februar 1979.

„Die Leiden des jungen Werther." *Die Zeit* (Hamburg) Nr.18, 27. Apr.1979.

„Gespräch einiger südamerikanischer Diktatoren über eine These des chinesischen Politikers Teng." *Die Tat*, Nr.10, 9. Mär. 1979.

„Denken und Schreiben gegen das tägliche Entsetzen." *Stern* (Hamburg) Nr.33, 1979. Übersetzt wieder in „Herbert Marcuse and the vulgarity of death." *New German Critique*, Fall 1979; und in *Siempre* betitelt „La Valgaridad de la Muerte." September 1979.

„Schreckgesten der Außenseiter/Zum zwanzigjährigen Bestehen der 'Manuscript'. *Die Zeit* (Hamburg) Nr.39, 21. Sept. 1979.

„Briefe in amerikanischen Zeitungen." *Wespennest* (Wien) Nr.37, 1979.

„Die Wirklichkeit erschlägt die Kunst." *Die Zeit* (Hamburg) 21. Dez. 1979.

„Radikalität des Schreibens." *Der Spiegel* (Hamburg) Nr.49,

3 Dez.1979. In einer ausführlicheren Fassung erneut abgedruckt mit dem Titel „Nicht-Schreiben als Bedingung des Schreibens." In *Hommage für Stephan Hermlin*. Leipzig: Reclam 1980; und in *Fischer Almanach der Literaturkritik* (Eine jährlich erscheinende Anthologie der besten Rezensionen des Jahres) Franfurt: Fischer, 1980.

„Die Wirklichkeit erschlägt die Kunst." *Die Zeit* (Hamburg) Nr.52, 21 Dez.1979; in ausführlicherer Form wieder abgedruckt in *Schreibheft*. IV, 12 1980; und in gekürzter Fassung erneut abgedruckt in *Torquato Tasso* (ein Programmheft für die Peymann Produktion von Goethes gleichnamigen Schauspiel im Schauspielhaus zu Bochum) 11. Jan. 1980.

„Erinnerung an Albert Lange." *Leben und Arbeit*, Schloß Bieberstein/Rhön I, 1980.

„Beispiel vielfältigen Nutzens der Bücher." *Tintenfisch* (Berlin) 1980.

„Von der Zukunft lernen!" *Der zerstückte Traum*. Für Erich Arendt zum 75.Geb., Ed. Manfred Schlösser, Berlin: Agora, 1980.

„Über eine neuere Form der Wilderei." *Transatlantik* I, 1. Okt. 1980.

„Urteil der Literaturgeschichte." In *Die Leiden des jungen Werther*, Dokumente und Materialien. Berlin: Wagenbach, 1982.

„Ronald Reagan's Make-up." Kritisches Tagebuch in Westdeutscher Rundfunk, 22. Okt. 1984.

„Kein Lächeln im Freien: Berliner Notizen." *Die Zeit* (Hamburg) Nr.36, 30. Aug. 1985.

„Aufenthalt in Dresden." *Rowohlt Literatur Magazin* 17 (Hamburg) Nr.36, 30. Aug. 1986.

„Zur Frage der Himmelsrichtungen." *Akzente*, Zeitschrift für Literatur, XXXIII (München) 3. Jun. 1986.

„Elf Töchter." *Tintenfisch* XXV, Jahrbuch für deutsche Literatur (Berlin) 1986.

„Ferlinghetti Poem." Übers. In *Manuskripte* (Graz) Nr.94, Dezember 1986.

„Könige unterwegs." Für Walter Höllerer. *Literarisches Colloquium* (Berlin) 1987.

„Zur Frage der Himmelsrichtungen." *Manuskripte* 98/87 (Graz) 1987.

„Antwort vom Bett aus." Und „Brief." Carl Hanser/Cristoph Schlotterer *Ein Gedenkbuch* München: Hanser, 1987.

„Gegen Reisen." *Tageszeitung* (Berlin) 1o. Okt. 1987.

„Eine ausführliche Rezension von Uwe Bremers kürzlich erschienenen Buches." *Stern* Frühjahr 1987. (Es ist zu beachten, daß die Rezension neben der Lettaus Photo abgebildet ist, nicht diejenige ist, die Lettau eingeschickt hatte.)

„Zur Frage der Himmelsrichtungen." *Münchner Merkur* Marginalien (München) Januar 1988.

„Essen für Nicolas." *Rowohlt Literatur Magazin* 21 (Hamburg) 1988.

„About Herbert Marcuse." Übers. in *City Lights Review* (San Francisco) 1988.

„Werner Heldts Blick vom Fenster." für *Zeit-Magazin* in einer Serie von 100 Artikeln von ausgewählten Autoren über ihr Lieblingsbild. Es wurde später in Buchform veröffentlicht bei Rowohlt in Hamburg, 1988.

„Einführung in die Logistik." Und „Angeblich Andere." *Akzente* (München) Sonderdruck Heft 5, Oktober 1989.

„Das Kaufhaus Römischer Kaiser, das momentan Hertie heißt. Rückkehr nach Erfurt." *Literatur Magazin* (Hamburg) Nr.30, 1992.

„Meine Jahre mit Helmut Kohl" *Die Zeit* (Hamburg) 14. Okt. 1994.

„Reinhard Lettau liest gerade die Tagebücher von John Cheever." *Die Woche*, 4. Nov. 1994.

„Rede des Preisträgers Reinhard Lettau" aus Anlaß der Verleihung des Bremer Literaturpreises der Rudolf-Alexander-Schörder-Stiftung vom 26. Jan. 1997

„Waldstück im Ansturm." *Neue Zürcher Zeitung* (Zürich) 7. Nov. 1995.

III. Radio/TV/Schauspiele

Schaukelstuhl Kurzporträts von Reinhard Lettau. Sender Freies Berlin, 1964/65.

26 Austrahlungen von *Frühstücksgespräche in Miami* in Deutschland, der Schweiz und einer in Holland im Zeitraum von 1978-1982.

Stadttheater Gießen: *Frühstücksgespräche in Miami* von Oktober 1978-März 1979, drei bis viermal wöchentlich.

Propos de petit Déjeuner à Miami. Théatre de la Commune, Centre Dramatique National, Aubervilliers, 13. Feb.-14. Mär. 1974, täglich, sonntags zwei Vorstellungen.

Breakfast Conversations in Miami. The American Place Theater, New York City, 111 West 46 ST., 6. Jan. 1984, täglich für drei Wochen.

Breakfast Conversations in Miami. KPFA San Francisco, Radio Produktion, 14. Okt. 1984.

Frühstücksgespräche in Miami. Hörspielproduktion SRG Bern, Schweiz, 2. Nov. 1985.

Frühstücksgespräche in Miami. Hörspielproduktion, Deutschlandfunk (Kurzwelle) Köln, 2. Nov. 1985.

Frühstücksgespräche in Miami. Radio Prag, CSSR (Für genaue Angaben über die Produktion, siehe Verlag der Autoren, Frankfurt/Main.)

Oscar Wilde's Trails. (Eine Fernsehproduktion in Anpassung an den Originaltext) Sender Freies Berlin, TV. Wieder in Bayerische Fernsehanstalt, 1974. Dieses Fernsehdrama wurde als eines der besten Fernsehadaptionen in der Geschichte des Fernsehsenders anerkannt und wurde erneut ausgestrahlt in Sender Freies Berlin, TV, 1985.

Beim Vorbeifahren der Potemkinschen Kutsche. BBC (London) Radio/TV, 26 Feb.1986, 26. Nov. 1986.

Einladung zu Sommergewittern. Radio Zürich (Schweiz) Radio/TV, 5. Jul. 1986.

Frühstücksgespräche in Miami. Schaubühne Rostock (DDR) Winter 1986.

Soldaten. Choreographische Übertragung von Texten aus *Feinde.* Tanzensemble des Opernhauses Köln am 12. Okt. 1986.

Conversation with Walter Abish/New York. NDR,WDR,SFB-TV-live, 10. Nov. 1987.

Ein Herr tritt ein. FFN (Frankreich) Radio, 10. Jan. 1987.

Einseitige Geschichten. SWF (Baden-Baden) 20. Apr. 1987.

Unveröffentlichte Prosa. Co-Produktion, NDR/SFB, 8. Feb. 1988.

Neue Prosa. WDR 3 (Köln) 20. Mai 1988.

Auftritt. Ein Einakter, hrsg. vom *Verlag der Autoren* in der Reihe: Theaterbibliothek, in einer Serie von Minidramen, 1988.

IV. Verschiedenes

„Unsere Insel." Schülerzeitung von Schloß Bieberstein, verantwortlicher Redakteur: Reinhard Lettau, 1947-49.

Roter Sturm über Thüringen oder Deutschlands Herz wird rot. Roman, 1947.

Vergleiche des Pressewesens der vier Pressezonen Deutschlands. Jahresarbeit als Zulassungsvoraussetzung zum Abitur, Schloß Bieberstein 1949.

Utopie und Roman: Untersuchungen zur Form des deutschen utopischen Romans im 20.Jahrhundert. Doktorarbeit geschrieben bei Bernhard Blume in Harvard, 1960.

B. Sekundärliteratur

Die nun folgenden Schriften zu Reinhard Lettaus Werk sind in verschiedenen Rubriken gesammelt. Die Originaltitel stehen als Überschrift über den der besseren Übersichtlichkeit halber in alphabetischer Reihenfolge zugeordneten Artikeln und Rundfunk- bzw. Fernsehausstrahlungen. In den Fußnoten sind die jeweiligen Rubriken angegeben, unter denen die Artikel aufgelistet sind. Unterteilt ist das nun folgende Verzeichnis in:

- Schwierigkeiten beim Häuserbauen
- Auftritt Manigs
- Täglicher Faschismus
- Immer kürzer werdende Geschichten
- Frühstücksgespräche in Miami
- Zerstreutes Hinausschaun
- Zur Frage der Himmelsrichtungen
- Flucht vor Gästen
- Bremer und Berliner Literaturpreis
- Allgemeines und Interviews
- Zum Tode
- Weiterführende Leseliste

Schwierigkeiten beim Häuserbauen (1962)

A.K. „Reinhard Lettau: Buster Kafka." *Arts* 5/6, 1963.

„Am literarischen Reißbrett." *Freie Presse*, Bünder Tageszeitung, 16. Sep. 1963.

Ancelet-Hustache, Jeanne. „Lettres Allemandes." *Le Croix* 30. Jun/1. Jul. 1965.

„Autoren zu pflegen…" *Die Welt* (Hamburg) 28. Apr. 1962.

Batt, Kurt. „Reinhard Lettau: Schwierigkeiten beim Häuserbauen." *Neue Deutsche Literatur* (Berlin) Nr.12/1963.

Baumgart, Reinhard. „Geschichten als Spielzeuge." *Die Zeit* (Hamburg) 25. Mai 1962.

Becker, Jürgen. *Das neue Buch.* In WDR, Abt. Kulturelles Wort, 31. Jul. 1962.

„Beim Vorbeifahren der Potemkinschen Kutsche." *Leben und Arbeit*, Hermann-Lietz-Schule (Fulda) März 1962.

Bisinger, Gerald. „Die Probe." Wien, Oktober 1962.

Blöcker, Günter. „Irrationale Anschlüsse." *Frankfurter Allgemeine Zeitung* (Frankfurt/Main) 29. Sep. 1962.

Bücher wollen gelesen sein. Österreichischer Rundfunk, Studio (Wien) 21. Jan. 1963.

Bz. „Originalität allein genügt nicht." *Schwäbische Donau Zeitung* (Ulm) 13. Apr. 1962.

D.Ba. *Der Romanführer.* Bd.13, Anton Hiersemann Verlag: Stuttgart, 1964.

Diederichs, Werner. „Vernunft wird Unsinn." *Ruhr-Nachrichten* (Dortmund) 8. Nov. 1963.

DS. „Reinhard Lettau: Schwierigkeiten beim Häuserbauen." *Profil*, Studentenmagazin (München) Juni 1962.

E.H. „Hintergründige Skurrilitäten." *Westfälische Zeitung*, Bielefelder Tageblatt (Bielefeld), 3. Mai 1963.

„Endlich ein Allemand drôle." *Die Zeit* (Hamburg) 21. Jun. 1963.

Fe. „Kurzgeschichten, dem Leben abgelauscht." *Westfalen-Zeitung* (Bielefeld) 10. Feb. 1964.

Fink, Humbert. „Neue Literatur." Deutschlandfunk (Köln) 22. Jun. 1962.

French, Warren. „In Germany Some Writers Dare to Be Committed." *The Kansas City Times*, 30. Mai 1965.

„Geschichtenerzähler aus Massachusetts." *Münchner Merkur* (München) 18. Apr. 1962.

Glauber, Robert H. „Exciting And Truly Creative." *The Courier Journal* (Boston?) 30. Mai 1965.

Goldschmit, Rudolf. „Ein neues Talent der kleinen Form." *Stuttgarter Zeitung*, Sonntagsbeilage. 9. Jun. 1962.

Ders. „Häkelarbeiten mit dem Kugelschreiber." *Der Tagesspiegel* (Berlin) 24 .Jun. 1962.

Grözinger, Wolfgang. „Der Roman der Gegenwart." *Hochland* (München) Heft6, August 1962.

Härtling, Peter. „Geschichten, ohne anzukommen." *Deutsche Zeitung* (Köln) 4/5. Aug. 1962.

hal. „Reinhard Lettau: Schwierigkeiten zum Häuserbauen." *Basler Volksblatt* (Basel), 14. Nov. 1962.

Harms, Claus. „Hintergründige Ironie." *Hannoversche Allgemeine Zeitung* (Hannover) 9. Jan. 1963.

„Herr Stumpf erliegt einem Trugschluß." *Badisches Tagblatt*, 14. Mai 1962.

Hilsbecher, Walter. „Der Atem der Anmut." *Frankfurter Hefte*, Heft 8 (Frankfurt/Main) 1962.

Ders. „Neue Bücher." Hessischer Rundfunk, Frankfurt/Main, Mai 1962.

Hm. „Schwieriges." *Mannheimer Morgen* (Mannheim) 22. Sep. 1962.

Hora, Barbara. „Reinhard Lettau." *Clou* (Egnach/Schweiz) Nr.10, Oktober 1962.

Horst, Karl August. „Realismus mit umgekehrtem Vorzeichen." *Münchner Merkur* (München) Heft 5, Mai 1963.

Hoyer, Franz A. „Mobiles vom Wind bewegt." *Badische Zeitung* (Freiburg) 26 Aug.1962. Wieder in *Rheinische Post* (Düsseldorf) 28 Jul.1962; und wieder in *Echo der Zeit* (Recklinghausen) 22. Jul. 1962.

Jacobs, Wilhelm. „Mehr Kusenberg als Kafka." *Sonntagsblatt* (Hamburg) 5. Aug. 1962.

Kern, Dieter H.J. *Neues vom Büchertisch.* Radio (Bozen) Mai 1962.

Klunker, Heinz „Kafka in Dur." *Europäische Begegnung* (Hannover) Heft 4, April 1963.

Knab-Grzimek, Fränze. „Reinhard Lettau: Schwierigkeiten beim Häuserbauen." *Bücherei und Bildung* (Reutlingen), Mai 1963.

Ders. „Lettau, Reinhard: Schwierigkeiten beim Häuserbauen." *Buchanzeiger für öffentliche Büchereien* (EKZ) (Reutlingen), März 1963.

Koch, Stephen. „High-Hurdle Coaches." *Book Week*, 13. Jun. 1965.

Kramberg, K.H. „Ein phantastischer Pedant." *Süddeutsche Zeitung*, 23/24. Jun. 1962.

„Kunst des Fabulierens." *Hamburger Abendblatt* (Hamburg) 28. Apr. 1962.

Laregh, P. „Heitere Absurdität." *Die Bücher Kommentare* (Berlin) 15. Sep. 1962.

Lattmann, Dieter. *Für Sie gelesen - Aus neuen Büchern.* Bayerischer Rundfunk, 28 Apr.1962.

Lenz, Herman. „Blankpolierte Sprachklischees." *Christ und Welt* (Stuttgart) 24. Aug. 1962.

„Lettau, Reinhard: Schwierigkeiten beim Häuserbauen." *Bücherei-Nachrichten*, Österreichisches Borromäuswerk (Salzburg) Heft 6, Oktober 1962.

Maassen, J.P.J. „Reinhard Lettau: Schwierigkeiten beim Häuserbauen." *Roeping* (Eindhoven) Feb./März 1963.

Martin Abril, José Luis „Paseo en Carroza." *Diario Regional*, Valladolid, 25. Mär. 1965.

Mazzocco, Robert. „Ach!" *The New York Review of Books*, 17. Jun. 1965.

Meidinger-Geise, Inge. „Bilanzen zum Nachprüfen." *Deutsche Frauenkultur* (Düsseldorf) November 1962, Heft 4/5.

Merlin, Peter. „Hinterhältige Späße." *Deutscher Zeitungsdienst*, Kulturblätter (Bad Godesberg) 24. Jul. 1962.

Mgh. „Meisterhaftes Erstlingwerk." *St. Gallener Tagblatt* (St. Gallen), 10. Feb. 1963.

„Mutmaßungen über Lettau." *Süddeutsche Zeitung* (München) 18. Apr. 1962.

„Neue zeitgenössische Erzählungen." *Deutsche Kulturnachrichten* (Bonn) Dezember 1962.

Nicholson, Joseph. „Deluge of Sketches Devastating." *Fort Worth Star-Telegram* (Texas) 16. Mai 1965.

Nöhbauer, Hans F. „Nach Linksdenker Art." *Abendzeitung* (München) 19./20. Mai 1962.

Nolte, Jost. „Variationen über des Menschen Sehnsucht." *Die Welt* (Hamburg) 14. Jul. 1962.

„Obstacles." *Buffalo Eveneing News*, 3. Apr. 1965.

„Obstacles." *Virginia Kirkus Services* (New York) 9. Apr. 1964.

„Obstacles by Reinhard Lettau." Katalog *Pantheon Books*, April 1965.

Paepcke, Lotte. *Rezension*. Süddeutscher Rundfunk (Karlsruhe) 3. Aug. 1964.

Der perfektionierte Krieg. Süddeutscher Rundfunk, Abteilung Literatur und Kulturelles Leben, 25. Apr. 1962.

Piwitt, Hermann. *Ein Leser gibt Auskunft*. Sender Freies Berlin (Berlin) Radio, 14. Okt. 1962.

Powers, Dennis. „A Prose Sketchbook of Human Behavior." *Oakland Tribune*, 20. Apr. 1965.

PM. „Hinterhältige Späße." *Wiesbadener Kurier, Höchster Kreisblatt*, 7. Aug. 1962.

Ra. „Schwierigkeiten beim Häuserbauen." *Hannoversche Presse* (Hannover) 12. Okt 1962.

R.D. „Skurrile Geschichten." *Kölner Stadt-Anzeiger* (Köln) 11. Dez. 1962.

Reiß, H.S. „German Literature." *Britania Year Book* (Heidelberg) Juli 1963.

Riha, Karl. „Kritische Blätter." *Neue Deutsche Hefte* (Berlin) 8/9 1962.

R.J. „Reinhard Lettau zu Gast bei der Literarischen Gesellschaft." *Hannoversche Rundschau* (Hannover) 11 Jan.1963.

„Reinhard Lettau: Das Neue ist unbekannt." *Welt und Wort* (München) 5/1962.

„Reinhard Lettau: Schwierigkeiten beim Häuserbauen." *Der Spiegel* (Hamburg) 16 Mai 1962.

„Reinhard Lettau: Schwierigkeiten beim Häuserbauen." *Orient Mercur* (Köln) Februar 1963.

Rezension zu „Schwierigkeiten beim Häuserbauen." *Die Barke* (Frankfurt/Main), Heft 4/1962.

Rezension zu „Schwierigkeiten beim Häuserbauen." *Bücherbrief* - Büchereiwesen in Holstein E.V., Büchereizentrale (Rendsburg) Januar 1964.

Rockemer, Hans Georg. „Einundzwanzig Geschichten." *Diskus*, Frankfurter Studentenzeitung, Juli 1962.

S. „Junge deutsche Literatur der Gegenwart." *Weser-Kurier* (Bremen) 6. Okt. 1962.

Schauder, Karlheinz. „Skurrile Geschichten eines jungen Autors." *Die Rheinpfalz* (Ludwigshafen) 12. Okt. 1962.

ders. „Skurrile Geschichten." In: *Berichte aus dem Kulturleben*. Saarländischer Rundfunk (Saarbrücken) 26. Feb. 1963.

Seidenfaden, Ingrid. „Eine schmale Basis." *St Gallener Tagblatt* (St. Gallen) 26. Aug. 1962.

Ders. „Germanist mit Gänsefüßchen." *Münchner Merkur* (München) 4./5. Aug. 1962.

„Das selbstgemachte Kursbuch." *Münchner Merkur* (München) 23./24. Jun. 1962.

„Skurrile Geschichten." *Südwest-Presse*, Sonntags-Zeitung (Tübingen) 18. Aug. 1962.

Stern, Daniel „Ultimate Ambiguities." *New York Times Book Review*, 13. Jun. 1965.

„Stories from Germany." *The Times Literary Supplement* (London) 8. Feb. 1963.

Troy, George. „Life Through a Double Exposure Camera." *The Providence Sunday Journal*, 11. Apr. 1965.

Vetter, Gertrud. „Reinhard Lettau: Schwierigkeiten beim Häuserbauen." *Neue Volksbildung* (Wien) Heft 1, 1963.

Wartenberg, Dorothy. „Wild Humor Afoot In Short Stories." *The Cincinnati Enquirer*, 8. Mai 1965.

„Witz und Ironie." *Allgemeine Zeitung für Mannheim* (Mannheim) 12./13. Mai 1962.

Widmer, Walter. „Schwierigkeiten beim Häuserbauen..." *National-Zeitung* (Basel) 22. Sep. 1962.

W.L. „Reinhard Lettau: Schwierigkeiten beim Häuserbauen." *Die Freiheit* (Neustadt) 17 Aug.1962; wieder in: *DPA* - Buchbrief/Kultur (Hamburg) 18. Jul. 1962.

Auftritt Manigs (1963)

Baumgart, Reinhard. „Sprachballette, Trainingsläufe." *Süddeutsche Zeitung* (München) 9. Okt. 1963.

Ders. „Reinhard Lettau: Auftritt Manigs." *Das kleine Buch der 100 Bücher.* (München) II.Jahrg. 1963/64.

Blöcker, Günther. „Ein Puppenspieler." *Frankfurter Allgemeine Zeitung* (Frankfurt/Main) 14. Dez. 1963.

Enzensberger, Hans Magnus. „Reinhard Lettau: Auftritt Manigs." *Der Spiegel* (Hamburg) 4. Dez. 1963.

Fink, Humbert. „Enttäuschend..." *Deutsche Rundschau* (Stuttgart) Nr.12/89, August 1963.

Ders. *Für Sie gelesen - aus neuen Büchern.* Bayerischer Rundfunk, 30. Sep. 1963.

Heise, Hans-Jürgen. „Denkspielereien." *Kieler Morgenzeitung* (Kiel) 21. Dez. 1963.

Hilsbecher, Walter. *Ein Buch und eine Meinung.* Süddeutscher Rundfunk, 12. Apr. 1964.

J.P. „Nouvelles Hardiesses du Livre de Poche." *Le Monde,* 19. Sep. 1964.

Leiser, Andreas. „Deutscher Charme." *Annabelle,* Weihnachten 1963.

„Literarische Karikaturen." *Junge Stimme* (Stuttgart) 23. Nov. 1963.

„Moderne Prosa." *St. Gallener Tagblatt* (St. Gallen) 1. Dez. 1966.

„Neue Geschichten von Reinhard Lettau." *HÖR ZU* (Hamburg) Nr.7, Februar 1963.

Nolte, Jost. „Seltsame Auftritte des Herrn Manig." *Die Welt* (Hamburg) 6. Dez. 1963.

Ders. In: *Bücher im Gespräch*. Deutschlandfunk, 1. Dez. 1963.

Reich-Ranicki, Marcel. „Anders als sonst in Menschenköpfen." *Die Zeit* (Hamburg) Nr.50, 13. Dez. 1963.

„Reinhard Lettau: Auftritt Manigs." *Neues Winterthurer Tagblatt* (Winterthur,Schweiz) 19. Dez. 1963.

Schauer, Lucie. „Nichts rettet uns vor Vivisektion." *Die Welt* (Hamburg) 27. Jun. 1963.

„Schlechte Zeiten für Konfektionäre?" *Die Zeit* (Hamburg) 16. Nov. 1964.

Scholz, Hans. „Germany." *Weekly Review*, Dezember 1966.

Segebrecht, Wulf. „Reinhard Lettau: Auftritt Manigs." *Bücherei und Bildung* (Reutlingen) Februar 1964.

Das Stichwort. Berliner Welle 29. Mär. 1966.

Strand, R.H. „Prosa Viva." Österreichischer Rundfunk, *Sendereihe Bücherecke* (Innsbruck/Tirol) 11. Jun. 1964.

Vetter, Gertud. „Reinhard Lettau: Auftritt Manigs." *Neue Volksbildung* (Wien) Heft 2, 1964.

„Zwischen Gestern und Morgen." *Die TAT* (Zürich) 20. Dez. 1963.

Feinde (1968)

Bohrer, Karl-Heinz. „Hinreißend abgekartes Spiel." *Frankfurter Allgemeine Zeitung* (Frankfurt/Main) 28. Sept. 1968.

Clements, Robert J. „The rise of a vein." *European Literary Scene*, April 1969.

Föster, Michael. „Sandkastenspiele." *WAZ* (Essen) 30. Nov. 1968.

Karasek, Hellmuth. „Schafe im Wolfspelz." *Süddeutsche Zeitung* (München) 14. Nov. 1968.

Kirchmann, Hans. „Der Autor von heute zaubert keine weißen Kaninchen mehr her." *Kölner Stadtanzeiger* (Köln) 11./12. Jan. 1969.

Krüger, Michel. *Reinhard Lettau*. Hessischer Rundfunk, Schulfunk, Programmhefte Jan-Jul.1971.

„The Mad and the Military." *The Times Literary Supplement* (London) 10. Jul. 1969.

Hinz, Klaus-Michael. „Über militärische Aufklärung." *Akzente* (München) Sonderdruck, Heft 5, Oktober 1989.

„Reihe Hanser." *Litterae Novae* (Wiesbaden) Dezember 1968.

„Reinhard Lettau: Feinde." *Sozialistische Wochen* (Duisburg) Nr.13, 1969.

Salzinger, Helmut. „Infantile Infanterie." *Der Tagesspiegel* (Berlin) 27. Apr. 1969.

Schultz, Uwe. „Wie komisch ist der Krieg?" *Christ und Welt*. 29. Nov. 1968.

„Zeichentrick - literarisch." *Publik Frankfurt* (Frankfurt/Main) 28. Mär. 1969.

„Zu empfehlen." *Die Zeit* (Hamburg) 1. Nov. 1968.

Täglicher Faschismus (1971)

Borch, Herbert v. „Der Amerika-Schock." *Süddeutsche Zeitung* (München) 14./15. Aug. 1971.

Bosch, Manfred. „Täglicher Faschismus." *Werkhefte* 5, 1972.

Bronnen, Barbara. „Wenn Dick im Sessel träumt." *Abendzeitung* (München) 9. Jul. 1971.

Christoph, Bernhard. „'Faschismus' in den USA?" *Stuttgarter Zeitung* (Stuttgart), Sonderbeilage zur Buchmesse 1971.

Cwojdrak, Günter. *Kulturspiegel.* Stimme der DDR, 23. Jan 1972.

Grunert, Barbara u. Manfred. „Täglicher Faschismus." *Frankfurter Rundschau* (Frankfurt) 12. Mär. 1971.

Heißenbüttel, Helmut. „Neue Bücher." Norddeutscher Rundfunk 3, *Kulturelles Wort*, 18. Sept. 1971; Ebenso in: Hessischer Rundfunk 23. Sep. 1971.

H.K. „Manipulation mit dem Schlagwort 'Faschismus'." *Neue Zürcher Zeitung* (Zürich) 16. Jan. 1992.

Hofmann, Joachim. „Aus dem USA-Alltag." *Die TAT* (Zürich) 16. Okt. 1971.

Holthusen, Hans Egon. „Die engagierte Literatur parodiert sich selbst... oder: Mr. Lettaus ideologische Verstopfung." *Die Welt* (Hamburg) 2. Okt. 1971.

Ders. „Liest Zeitung, sagt:'Faschismus'."

Knipping, Franz. „Nachrichten aus dem Alltag der USA." *Die Weltbühne*, 16. Mai 1972.

Lattmann, Dieter. „Aufstieg und Fall der USA." *Die Bücherkommentare*, Heft 10, Oktober 1971.

Ders. „Terror und Revolte." *Kölner Stadtanzeiger* (Köln) 29. Dez. 1971.

Lietzmann, Sabine. „Täglicher Faschismus oder das Hohelied der freien Presse." *Franfurter Allgemeine Zeitung*, Literaturbeilage, 12. Okt. 1971.

„Manipulation mit dem Schlagwort Faschismus." *Neue Zürcher Zeitung* (Zürich) 16. Jan. 1972.

Matteen, Gabo. „Reinhard Lettau: Täglicher Faschismus." *Publikation* (Frankfurt/Main) März 1972.

„Matters of the Hour." *The Times Literary Supplement* (London) 15. Okt. 1971.

Richter, Bernt u. Schwelien, Joachim. *Ein Buch - zwei Meinungen.* Norddeutscher Rundfunk (Hamburg) 28. Feb. 1971.

Schmidt, Aurel. „Bedenkliche Entwicklung." *National-Zeitung* (Basel) 22. Aug. 1971.

Schoenbaum, David. „Amerika, du mußt büßen." *Die Zeit* (Hamburg) 15. Okt. 1971.

Schyle, Hans Joachim. „Ein Dichter geht auf die Straße." *Saarbrücker Zeitung* (Saarbrücken) 5. Feb. 1971.

Timmann. „Leserzuschrift." *Oberhessische Zeitung,* 30. Aug. 1971.

Wallmann, Jürgen P. „Amerika auf gefährlichem Weg." *Der Tagesspiegel* (Berlin) 19. Sep. 1971.

Ders. „Die USA auf dem Weg zum Faschismus." *Mannheimer Morgen* (Mannheim) 1. Okt. 1971.

Weichardt, Jürgen. „Zerrbild amerikanischer Wirklichkeit." *Nordwest-Zeitung,* 27. Aug. 1971.

Weiss, Reiner. „Ein Mosaik des Terrors." *Nürnberger Nachrichten* (Nürnberg) 17. Aug. 1971.

Ders. „Die Illusion der Freiheit." *Nürnberger Nachrichten* (Nürnberg) 29. Aug. 1972.

Immer kürzer werdende Geschichten (1973)

Baier, Lothar. „Wiedersehen mit Herrn Manig." *Frankfurter Allgemeine Zeitung* (Frankfurt/Main) 22. Aug. 1974.

Hensing, Dieter. „Reinhard Lettau: Immer kürzer werdende Geschichten." *Het Duitse Boek,* 1974.

Hotz-Isler. „Notwendige Verkürzung?" *Neue Zürcher Zeitung* (Zürich) 6. Mär. 1974.

ile. „Geschichten von Reinhard Lettau." *Die Presse* (Wien) 23/24. Mär. 1974.

Kramberg, K.H. „Die Prosa eines Clowns." *Süddeutsche Zeitung* (München) 19./20. Jan. 1974.

Krechel, Ursula. *Das neue Buch.* Sender Freies Berlin, Rundfunk, 2. Mai 1974.

Ders. „Freiräume gesprengt." *Frankfurter Rundschau* (Frankfurt/Main) 27. Apr. 1974.

Lindemann. *Zum Lesen empfohlen.* Norddeutscher Rundfunk (NDR 3), 21. Jun. 1974.

Scholz, Günther. *Reinhard Lettau: Immer kürzer werdende Geschichten.* Hessischer Rundfunk, 28 Feb. 1974.

S.D. „Pointierte Minigeschichten." *Allgemeine Jüdische Wochenzeitung,* 8. Mär. 1974.

Spycher, Peter. „Reinhard Lettau: Immer kürzer werdende Geschichten." Books Abroad (Norman, Oklahoma) *An International Literary Quaterly,* November 1974.

Zeller, Eva. „Den Wörtern Schnippchen schlagen." *WdB,* 24. Jan. 1974.

Früstücksgespräche in Miami (1977)

Baier, Lothar. „Politische Sprachkritik für Kenner." *Frankfurter Allgemeine Zeitung* (Frankfurt) 22. Nov. 1977.

Bielefeld, Claus-Ulrich. *Frühstücksgespräche in Miami.* Sender Freies Berlin, Rundfunk, 28. Mai 1978.

Davis, Nolan. „Radio Drama Prize First for UCSD Professor." *The San Diego Union* (Kalifornien) 28. Jul. 1979.

Fuchs, Gerd. „Ich fordere die ganze Bevölkerung auf, sich von der Terrortätigkeit zu distanzieren." *Deutsche Volkszeitung*, 1. Dez. 1977.

Götz, Rainer. *Der Wandel des Amerikabildes in der deutschsprachigen Literatur seit 1945.* Phil. Diss. Graz, 1978.

Kramberg, K.H. „Redensarten der Herrschaft." *Süddeutsche Zeitung* (München) 29. Apr. 1978.

Mühlen, Norbert. „An der Küste von Florida." *Die Welt*, 12. Aug. 1978.

Schachtsieck-Freitag, N. „Machtworte." *Deutsches Allgemeines Sonntagsblatt* 9. Apr. 1974.

Schoeller, Wilfried F. „Pensionäre der Macht." *Die Weltwoche*, 15. Feb. 1978.

Töteberg, Michael. „Frühstücksgespräche anderswo und hier."

Wagner, Klaus. „Frühstücksgespräche in der Schaltpause." Zum Hörspielpreis. *Frankfurter Allgemeine Zeitung* (Frankfurt/Main), 1978.

Zimmer, Dieter E. „Diktatoren sprechen gegen sich." *Die Zeit* (Hamburg) 14. Okt. 1977.

Zingg, Martin. „Diktatoren." *Basler Zeitung* (Basel) 17. Dez. 1977.

Zerstreutes Hinausschaun (1980)

Baumgart, Reinhard. „Mit höflicher Wut." *Die Zeit* (Hamburg) 25. Jul. 1980.

Elsner, Gisela u. Lindemann, Gisela. „Journal 3 für Literatur." Norddeutscher Rundfunk, 21. Jun. 1980.

Elsner, Gisela. „Aktionen und Literatur mit einer schwachen Dosis Wirklichkeit." *Rote Blätter* 10/1980.

Götze, Karl-Heinz. „Kritik wider den Zeitgeist." *Frankfurter Rundschau* (Frankfurt/Main) 19. Jul. 1980.

Hinck, Walter. „Die Ästhetik des Schweigens." *Frankfurter Allgemeine Zeitung* (Frankfurt/Main) 5. Jul. 1980.

Linsel, Klaus. „Verhalten zur Umwelt, das Gründe erfragt." *Die TAT* (Zürich) 3. Sept. 1982.

Neidhart, Christoph. „Etwas mehr als Demokratie nur in Leitartikeln." *Tages-Anzeiger*, 9. Mai 1981.

Stänner, Paul. „Die Bedingungen des Schreibens." *Tagesspiegel*, 17. Aug. 1980.

Zur Frage der Himmelsrichtungen (1988)

ai. „Osten und Westen." *Wiesbadener Kurier* (Wiesbaden) 26. Mär. 1988.

Ammann, Jean-Christophe. „Das Verschwinden der Wirklichkeit." *DU* (Zürich) Oktober 1988.

Bix. „Das Spiel mit der Sprache." *Berliner Morgenpost* (Berlin) 16. Mär. 1988.

Cejpek, Lukas. *Gedanken*. Österreichischer Rundfunk, 29. Sept. 1989.

erth. „Aus der Provinz der Käuze." *Die Welt*, 23. Apr. 1988.

„Das Gegenteil von Botho Strauss. Die Achtundsechziger…" *Die Zeit* (Hamburg) 9. Sep. 1988.

Herholz, Gerd. „Als wir das nächste Dorf noch erfinden mußten, war dort mehr los." *Deutsche Volkszeitung*, 22. Apr. 1988.

Hg. „Am inneren Rand." *Neue Zürcher Zeitung* (Zürich) 22. Apr. 1988.

Hinck, Walter. „Gedämpfte Freude mit der Dialektik." *Franfurter Allgemeine Zeitung* (Frankfurt/Main) 29. Mär. 1988.

Irro, Werner. „Von Erfurt aus." *Frankfurter Rundschau* (Frankfurt/Main) 26. Mär. 1988.

Kaiser, Joachim. „Leichtigkeit und Leere." *Süddeutsche Zeitung* (München) 30. Mär. 1988.

Kaukoreit, Volker. „Jetzt wohin?" *Düsseldorfer Illustrierte* (Düsseldorf) Mai 1988.

„Leichtfüßige Aufklärung." *Nürnberger Zeitung* am Wochenende (Nürnberg) 19. Nov. 1988.

Linder, Christian. *Der Büchermarkt*. Deutschlandfunk (Köln) 4. Okt. 1988.

Lüdke, Martin. „Mit leichter Hand ein übles Spiel." *Die Zeit* (Hamburg) 24. Jun. 1988.

Ders. *Buchzeit*. Sender Freies Berlin, Rundfunk, 27. Mai 1988.

Ders. *Bücher - Ein Magazin Für Leser*. Bayerischer Rundfunk, 13. Feb. 1988.

Mohr, Peter. „Wenn der Westen auch Osten ist." *Rhein-Neckar-Zeitung*, 7./8. Mai 1988. Wieder in: *Die Presse* (Österreich) 16./17. Apr. 1988.

Ders. „War das alles?" *General-Anzeiger* (Bonn) 28. Apr. 1988.

Müller, Susi. „Frei ist man nur, wenn man der Einzige ist." *Literarische Neuerscheinungen*, Fußnoten der neueren deutschen Literatur (Bamberg) Nr.15, 1988.

Olbert, Frank. „Dem Professor macht der Alltag Spaß." *Kölner Stadtanzeiger*, Kultur (Köln) 29. Mär. 1988.

Platzeck, Wolfgang. „Betrachtungen." *WAZ*, 9. Jul. 1988.

Praesent, Angela. „Der Irrgarten am Weglaufetag." *Die Weltwoche*, 19. Mai 1988.

Pralle, Uwe. „Schwierigkeiten der Weltkunde." *Die tageszeitung*, 18. Apr. 1988.

Ders. „Lakonie & eine Dosis Gift." *Taz*, 18. Mär. 1988

„Reinhard Lettau: Zur Frage der Himmelsrichtungen." *Treffpunkt Spektrum*, Mai 1988.

Richard, Christine. „West ist Ost." *Basler Zeitung* (Basel) 8. Jul. 1988.

Saalfeld, Lerke v. *Buchtip*. Süddeutscher Rundfunk, 5. Apr. 1988.

Sharp, Francis Michael. „Reinhard Lettau: Zur Frage der Himmelsrichtungen." *World Literature Today*, A Literary Quaterly of the University of Oklahoma (Oklahoma), Winter 1989.

Stadler, Arnold. „Prosa Haufs und Lettau." *Lesezeichen* Deutsche Welle (Köln) 6. Dez. 1988.

Steuer. „Lettau, Reinhard: Zur Frage der Himmelsrichtungen." *ÖBW*, Österreichisches Borromäuswerk (Salzburg) Nr.1, 1989.

Stuber, Manfred. „Osten, Westen, Norden und Süden." *Mittelbayerische Zeitung* (Regensburg) 4. Mai 1988.

Tänzer, Gerhard. *Buchbesprechung*. Saarländischer Rundfunk, Literatur am Samstag, 13. Mai 1989.

Wallis, P. *Reinhard Lettau: Zur Frage der Himmelsrichtungen*. Deutschlandfunk, Europaprogramm (Köln) 22. Sep. 1988.

Zur Frage der Himmelsrichtungen. Österreichischer Rundfunk (Wien), Teletext-Seite 239, vom 4. Jul.-10. Jul. 1988.

Flucht vor Gästen (1994)

Apel, Friedmar. „Verstörende Heimkehr." *Frankfurter Allgemeine Zeitung* (Frankfurt/Main) 19. Nov. 1994.

Auffermann, Verena. „Schöne scharfe Blicke." *Süddeutsche Zeitung*, Literaturbeilage (München) 5. Okt. 1994.

Berger,E. „Irrgarten von Worten." *Sächsische Zeitung*, 9. Sept. 1994.

Ders. „Ein leiser Beschützer der deutschen Sprache." *Sächsische Zeitung*, 14. Jan. 1995.

Buckl, W. „Die Abstinenz des Erzählers." *Donau-Kurier*, 7. Okt. 1994.

Ders. „Miniaturen." *Tages-Anzeiger*, Messe (Frankfurt/Main) 3. Okt. 1994.

Cramer, Sibylle. Reinhard Lettaus Porträt des Künstlers als alter Mann." *Sinn und Form*, Heft 1-2, 1995.

Ders. *Buchbesprechung*. Journal für Literatur, Radio Bremen. 7. Nov. 1994.

Engler, Jürgen. „Unordnung und spätes Leid." *Neue deutsche Literatur*, Nr.6, 1994.

„Erfolgreich geflüchtet." *Frankfurter Allgemeine Zeitung* (Frankfurt/Main) 27. Sep. 1994.

Ernst, Gustav. Reinhard Lettau: Flucht vor Gästen." *Wespennest* (Wien-Zürich) Nr.97, 1994.

„Fremde Gegend." *Der Spiegel* (Hamburg) 16. Jan. 1995.

Geißler, Cornelia. „Der Feind zu Gast." *Berliner Zeitung*, Messe 4 Okt. 1994.

Hoffmann, Eduard. *Reinhard Lettau:'Flucht vor Gästen'*. Belgischer Rundfunk (Eupen) 4. Feb. 1995.

Kahrs, Axel. „Von Büchern und Dichtern im Wendland." *Elbe-Jeetzel-Zeitung* (Lüchow) 10. Dez. 1994.

Löffler, Sigrid. „Oberflächlich aus Tiefe." *Falter* 21. Okt. 1994.

Ders. „In Deutschland, unter Wilden." *Die Woche*, 28. Okt. 1994.

Magenau, Jörg. „Ästhetik der Sparsamkeit." 19. Aug. 1994.

Matt, Beatrice von. „Entweichen als Programm." *Neue Zürcher Zeitung* (Zürich) 15 .Dez. 1994.

Michalzik, Peter. „Porträts von Rüpeln und Trampeln. *Süddeutsche Zeitung* (München) 7. Feb. 1995.

Mohr, Peter. „Poet und Wissenschaftler." *Luxemburger Wort* (Luxemburg) 15. Sep. 1995.

„Probleme mit Anmut erzählt." *Thüringische Landeszeitung*, 18. Nov. 1994.

Schaefer, Thomas. „Sehnsüchtiger Ruf nach Leichtigkeit." *Hannoversche Allgemeine* (Hannover) 15. Okt. 1994.

Scheer, Udo. „Schönheit und Freiheit." *Ostthüringische Zeitung*, 28. Jan. 1995.

Ders. „Das Treiben der Gäste und Reinhard Lettau hat zugeschaut." *Lesart*, Heft 4, 1994.

Ders. „Das merkwürdige Treiben der Gäste." *Kommune*, Nr.10, 1994.

Ders. „Der Reiz der Gäste." *Buchjournal* Nr.3, Herbst 1994.

Schubert, Matthias. „Ein höflicher Anarchist." *Rhein-Neckar-Zeitung*, 7. Aug. 1995.

Staudacher, Cornelia. „Flucht vorm Sprechen." *Tagesspiegel* 8. Mär. 1995.

Stuber, Manfred. „Geburt des Krieges aus dem Nachbarzank." *Mittelbayerische Zeitung*, Oktober 1994.

Törne, Dorothea von. „Gäste bringen nichts als Unruhe." *Märkische Allgemeine*, 14. Okt. 1994.

Trotha, Hans von. „Flucht vor Gästen." *Zitty* (Berlin) 29. Sep. 1984.

Ueding, Gert. „Reinhard Lettau: 'Flucht vor Gästen'." *Das Buch der Woche*, Hessischer Rundfunk, 19. Feb. 1995.

Wackwitz, Stephan. „Literarischer Roger Rabbit." *Die tageszeitung*, Literaturbeilage, 12. Nov. 1994.

Werner, Ralf. „Reinhard Lettau: Flucht vor Gästen." *Focus on Literature* (Univ. of Cincinnati, Ohio) Vol.2, Nr.1, 1995.

Widmer, Urs. „Das Gegenteil von Botho Strauß." *Die Zeit*, Messebeilage (Hamburg) 7. Okt. 1994.

Wiegenstein, Roland H. „Verzögerte Heimkehr." *Frankfurter Rundschau* (Frankfurt/Main) 5. Nov. 1994.

Bremer und Berliner Literaturpreis (1994 und 1995)

„Anregendes Vergnügen." *Nordsee-Zeitung*, 21. Jan. 1995.

„Beispiellose Leichtigkeit." *Nordsee-Zeitung*, 27. Jan. 1995.

Beßling, Rainer."'Geh weg! Geh nicht weg!'" *Achimer Kreisblatt* 27. Jan. 1995.

Ders. „Ausgewählte Episoden geselliger Besuchszumutungen." *Foyer* Nr.8, 1995.

„Bremer Literaturpreis." *Die tageszeitung* (Bremen) 17. Nov. 1994.

Cramer, Sibylle. „Laudatio auf Reinhard Lettau." *Begleitheft des Bremer Literaturpreises* der Alexander-Schröder-Stiftung, Bremen 1995.

Fischer, Jens. „Kunst des Leidens." *Kreiszeitung Syke*, 27. Jan. 1995.

„Hinreißende Studie des Künstlers." *Nordsee-Zeitung*, 18. Nov. 1994.

hp. „Bremer Literaturpreis." *Die tageszeitung* (Bremen) 17. Nov. 1994.

„Kleine Flucht vor den großen Enttäuschungen." *Weser-Kurier*, 26. Jan. 1995.

„Literarische Woche beginnt am Mittwoch." *Sonntagsjournal der Stadt Bremerhafen*, 22. Jan. 1995.

Maidt-Zinke, Kristina. „Der Hauptpreis." und „Weinselige Personality-Show." *Weser-Kurier*, 26. Jan. 1995.

Ders. „Es war beinahe eine Märchenstunde." *Weser-Kurier*, 27. Jan. 1995.

Raubold, Susanne. „Eisenpfannen brauchen Liebe." *Die tageszeitung* (Bremen) 21. Jan. 1995.

Rooney, Martin." 'Flucht vor Gästen'." *Bremer Kirchenzeitung*, 22. Jan. 1995.

„Der Schriftsteller Reinhard Lettau..." *Neue Zürcher Zeitung*, 4. Feb. 1995.

Stürzer, Anne. „Bärbeißig und verletzlich." *Nordsee-Zeitung* (Bremerhafen) 4. Feb. 1995.

„Verlassener Mann." *Frankfurter Allgemeine Zeitung*, 30. Jan. 1995.

Allgemeines und Interviews

„Also die Mehrheit." *Die Zeit* (Hamburg) 29. Sep. 1967. (Biographie)

Antes, Klaus. „Die häßliche Ecke der USA." *Abendzeitung* (München) 9. Jul. 1968.(Biographie)

Apel, Friedmar. „Flucht vor Länge." *Frankfurter Allgemeine Zeitung* (Frankfurt/Main) 16. Okt. 1998.

Best, Otto F. „Reinhard Lettau Oder Über Den 'Arabesken Witz'." *Jahrbuch für deutsche Gegenwartsliteratur* I, 1970.

Buch, Hans Christoph. „Historische Begebenheiten." *Akzente* (München) Sonderdruck Heft 5, Oktober 1989.

ck. „Literarische Skizzen." *Hamburger Abendblatt* (Hamburg) 12. Jul. 1968.(Lesung)

„Endlich mal ein Fest." *Abendzeitung* (München) 5. Jul. 1968.(Lesung)

„Der Fall Reinhard Lettau." Eusebius und Florestan, *Volksrecht* (Winterthur) 29. Jun. 1967.

„Der Fall Lettau." *Die Zeit* (Hamburg) 2. Jun. 1967. (Biographie)

Fessmann, Meike. „Die Liebe zur Substraktion." *Der Tagesspiegel* (Berlin) 12. Jul. 1998.

Geißler, Cornelia. „Auf einmal ist der Feind weg." *Berliner Zeitung* (Berlin) 24. Feb. 1995. (Gespräch)

Hacker, Doja. „Ideen gehören ins Kino." *Der Spiegel* (Hamburg) Nr.3, Januar 1995.(Interview)

Hamilton, Anne u. Wurm, Fabian. „Sehnsucht nach Amerika." *Form, Zeitschrift für Gestaltung*, Nr.2/1996.(Interview)

Harris, Christopher P. „Reinhard Lettau and the use of the Grotesque." Special Collections, UCSD.

Hartung, Harald. „Schwierigkeiten beim Häuserbauen." *Frankfurter Allgemeine Zeitung* (Frankfurt/Main) 9. Sep. 1989. (Zum 60.Geburtstag)

Hildebrandt, Dieter. „Hammers Zirkel." *Frankfurter Allgemeine Zeitung* (Frankfurt/Main) 2. Dez. 1967.(Biographie)

Isani, Claudio. „Aus Männekens Mappe." *Der Abend* (Berlin) 13. Jun. 1974.(Lesung)

Juutilainen, Paul Alexander. *Herbert's Hippopotamus*. Phil. Diss. UCSD (Kalifornien) August 1996.

Körling, Christine. „Schriftsteller lasen in kleinen Häppchen." Auf *Einladung des Bundesverbandes der Deutschen Industrie*. (Berlin). (Lesung)

„Lettau im Gefängnis." *Die Zeit* (Hamburg) 3. Jul. 1970. (Biographie)

Magenau, Jörg. „Fortgesetzter Rückzug aus der Bedeutung." (Berlin) 9. Apr. 1993.(Gespräch)

„Mißachtung des Gerichts." *Die Zeit* (Hamburg) 14. Aug. 1970. (Biographie)

Nancy, Jean-Luc. „Auftritt Lettaus." *Akzente* (München) Sonderdruck, Heft 5, Oktober 1989.

Quilitzsch, Frank. „Die Tassen müssen sich doch freuen." *Wochenpost*, 8. Dez. 1994. (Gespräch)

Ders. „Thüringen ist mein Mittelpunkt." *Thüringische Landeszeitung*. (Thüringen) 10. Sep. 1994.

Rieck, Horst. „Autor Lettau ausgewiesen." *Abendzeitung* (München), 29. Mai 1967.(Biographie)

Ders. „Lettau darf bleiben." *Abendzeitung* (München) 30. Mai 1967.(Biographie)

Sardonisches Gelächter. Wir sprachen mit Reinhard Lettau. Südwestfunk, 5. Jul. 1976.

Scheer, Udo. „Sehnsucht nach der Sehnsucht nach Deutschland." *Kommune* 1/1995. (Gespräch)

Sielaff, Volker. *Zustand höchster Disziplin und völliger Lässigkeit*. Dresden. (Gespräch)

sol. „Ruhe in Berlin." *Tagesspiegel* (Berlin) 14. Nov.1967.(Biographie)

Text und Porträt: Reinhard Lettau. Hessischer Rundfunk III, Fernsehen, 4. Apr. 1967.

U.S. „Auftritt Lettaus." *Kieler Nachrichten* (Kiel) 1. Nov. 1967.(Lesung)

Zimmer, Dieter. E. „Der Fall Lettau." *Die Zeit* (Hamburg) 2. Jun. 1967.(Biographie)

Zum Tode Reinhard Lettaus

Böttiger, Helmut. „Erlebnis und Dichtung ist zweierlei." *Frankfurter Rundschau*, 18. Jun. 1996.

Buch, Hans-Christoph. „Hommage à Reinhard Lettau." In: *Reinhard Lettaus renovierter Rübezahl*, Schloß Gümse: Rixdorfer Drucke, 1996.

Geißler, Cornelia. „Vorliebe für die falsche Seite." *Berliner Zeitung*, 18. Jun. 1996.

Kaiser, Joachim. „Leise Tragik der Meisterschaft." *Süddeutsche Zeitung* (München) 18. Jun. 1996.

Krüger, Michel. „Grabrede für Reinhard Lettau." *Freibeuter* (Berlin) Nr.69, September 1996.

Lau, Jörg. „Der Querulant." *Taz*, 18. Jun. 1996.

Magenau, Jörg. „Rückzüge." *Wochenpost*, 20. Jun. 1996.

Mohr, Peter. „Poet und Wissenschaftler." *Luxemburger Wort* 20. Jun. 1996.

Ders. „Poet, Wissenschaftler und Rebell." *Saarbrücker Zeitung*, 18. Jun. 1996.

„Politischer Kopf." *Ahlener Volkszeitung*, 18. Jun. 1996.

Pralle, Uwe. „Ein lächelnder Kafka." *Neue Zürcher Zeitung*, 19. Jun. 1996.

Raddatz, Fritz J. „Skeptiker der Hoffnung." *Die Zeit*, 21. Jun. 1996.

„Rebell im Universitäts-Alltag." *Mitteldeutsche Zeitung*, 18. Jun. 1996.

„Reinhard Lettau." *Börsenblatt*, 7, 1996.

„Reinhard Lettau ist tot." *Rheinischer Merkur*, 21. Jun. 1996.

Schneider, Rolf. „Reinhard Lettau: Abschied von einem sanften Linken." *Berliner Morgenpost*, 18. Jun. 1996.

Spiegel, Hubert. „Immer kürzer werdende Geschichten." *Frankfurter Allgemeine Zeitung*, 18. Jun. 1996.

Steinert, Hajo. „Der nötige Unfrieden." *Basler Zeitung*, 18. Jun. 1996.

Tschapke, Reinhard. „Und der Osten ist die Wahrheit." *Die Welt*, 18. Jun. 1996.

Weiterführende Leseliste

Anderson, Terry H. *The Movement And The Sixties*. New York: Oxford University Press, 1995.

Arnold, Heinz Ludwig (Hrsg.). *Die Gruppe 47*. In der Reihe Text und Kritik. München: edition text + kritik, 1995.

Ders. (Hrsg.) Herbert Marcuse. In der Reihe Text und Kritik. München: edition text + kritik, 1988

Beckett, Samuel. *Warten auf Godot*. In: Werke 1, Werkausgabe in zehn Bänden, Frankfurt: Suhrkamp, 1976.

Best, Otto F. und Schmitt, Hans-Jürgen. (Hrsg.) *Die deutsche Literatur in Text und Darstellung.* Bände 14 u. 16. Stuttgart: reclam, 1974.

Böll, Heinrich. *Das Heinrich Böll Lesebuch*. Hrsg. Viktor Böll. München: dtv, 1982.

Bohn, Volker. *Deutsche Literatur seit 1945*. Frankfurt/Main: Suhrkamp, 1995.

Brecht, Bertold. *Geschichten vom Herrn Keuner*. Frankfurt/Main: Suhrkamp Taschenbuch Verlag, 1971.

Briegleb, Klaus. 1968. *Literatur in der antiautoritären Bewegung*. Frankfurt/Main: Suhrkamp (669), 1993.

Ders. und Weigel, Sigrid (Hrsg.) *Gegenwartsliteratur seit 1968.* In: Hansers Sozialgeschichte der deutschen Literatur vom 16.Jahrhundert bis zur Gegenwart, hrsg. von Rolf Grimminger, Bd.12. München: dtv, 1992.

Büchner, Georg. *Werke und Briefe*. München: Carl Hanser Verlag, 1980.

Claussen, D. „Realitätsprinzip". In: *Politik und Ästhetik am Ende der Industriegesellschaft*. Zur Aktualität von Herbert Marcuse. Tüte (Tübingen) Sonderheft, September 1989.

Delius, Friedrich Christian. *Verlockungen der Wörter*. Berlin: Transit Buchverlag, 1996.

Dutschke, Gretchen. *Rudi Dutschke. Eine Biographie*. Köln: Kiepenheuer & Witsch, 1996.

Eich, Günter. *Gesammelte Maulwürfe*. Frankfurt/Main: Suhrkamp, 1997.

Enzensberger, Hans Magnus. „Ein Territorium des Haßes." *Spiegel*, Nr. 15, S. 264 (Hamburg), 1999.

Farrell, James J. *The Spirit of The Sixties*. London: Routledge, 1997.

Fischer, Ludwig (Hrsg.) *Literatur in der Bundesrepublik Deutschland bis 1967*. In: Hansers Sozialgeschichte der deutschen Literatur vom 16.Jahrhundert bis zur Gegenwart, hrsg. von Rolf Grimminger, Bd.10. München: dtv, 1986.

Gomringer, Eugen.(Hrsg.) *konkrete poesie*. Reclam: Stuttgart, 1972.

Heißenbüttel, Helmut. *Schwierigkeiten beim Schreiben der Wahrheit 1964*. In: Die deutsche Literatur in Text und Darstellung. Band 16: Gegenwart. Hrsg. von Otto Best und Hans-Jürgen Schmitt, Stuttgart: Reclam, 1983.

Herzinger, Richard/Stein, Hannes. *Endzeit-Propheten oder die Offensive der Antiwestler*. Reinbek: Rowohlt Taschenbuch Verlag, 1995.

Hoffmann, ETA. *Sämtliche Werke* in sechs Einzelbänden. München: Winkler: 1979.

Kafka, Franz. *Hochzeitsvorbereitungen auf dem Lande*. Hg. Max Brod. Frankfurt/Main: Fischer Taschenbuch Verlag, 1983.

Kleist, Heinrich v. *Werke in zwei Bänden*. Berlin und Weimar: Aufbau-Verlag, 1983.

Kraushaar, Wolfgang. (Hrsg.) *Frankfurter Schule und Studentenbewegung*. Bände 1-3. Hamburg: Rogner und Bernhard, 1998.

Marcuse, Herbert. *Die Permanenz der Kunst*. München: Carl Hanser Verlag, 1977.

Ders. *One-Dimensional Man*. Boston: Beacon Press, 1991.

Ders. *Eros and Civilization*. Boston: Beacon Press, 1966 (2)

McGill, William J. *The year of the Monkey*. New York: Mc Graw-Hill Book Company, 1982.

Neunzig, Hans A. *Lesebuch der Gruppe 47*. München: dtv, 1997.

Novalis. *Hymnen an die Nacht*. Stuttgart: Goldmann, 1983.

Paul, Jean. *Über die humoristische Ästhetik*. In: Die Deutsche Literatur in Text und Darstellung. Band 7: Klassik. Hrsg. von Otto Best und Hans-Jürgen Schmitt. Stuttgart: Reclam, 1983.

Reich-Ranicki, Marcel. *Literatur der kleinen Schritte*. München: dtv, 1991.

Ders. *Lauter Verrisse*. München: dtv, 1992.

Richter, Toni. *Die Gruppe 47 in Bildern und Texten*. Köln: Kiepenheuer & Witsch, 1997.

Rilke, Rainer Maria. *Die Aufzeichnungen des Malte Laurids Brigge*. Frankfurt/Main: Insel Verlag, 1982.

Schulze, Hagen. *Kleine deutsche Geschichte*. München: H.C.Beck'sche Verlagsbuchhandlung, 1996.

Thomas, Karin. *Bis heute. Stilgeschichte der bildenden Kunst im 20.Jahrhundert*. Köln: DuMont, 1978.

Wilpert, Gero v. *Sachwörterbuch der Literatur*. Stuttgart: Kröner, 1979.

Kurzbiographie Lettaus

1929	10. September Geburt Reinhard Adolf Lettaus in Erfurt
1940	Eintritt in das Gymnasium „Zur Himmelspforte", Erfurt
1947	Übersiedlung von Erfurt nach Karlsruhe Eintritt in das Hermann-Lietz-Internat auf Schloß Bieberstein
1947 – 1949	„Hauptschriftleiter" der Internatszeitschrift „Unsere Insel" (insgesamt 4 Ausgaben)
1949	Zulassungsarbeit: „Vergleiche des Pressewesens der 4 Zonen Deutschlands" Abitur, Berufswunsch Jura
1950	Beginn des Jurastudiums (Berufswunsch des Vaters) in Heidelberg
1951 – 1957	Studium der Vergleichenden Literaturwissenschaft in Heidelberg, Yale und Harvard
1953 – 1954	Stipendium an der Yale Universität
1954	Heirat mit Mary Gene Carter
1955	Studium in Köln
1956	Fortsetzung des Studiums in Harvard
1957	Teaching Assistant in Harvard Lettau wird amerikanischer Staatsbürger Geburt der Tochter Karin
1959 – 1965	Assistant Professor am Smith College, Massachusetts

1959	Geburt der Tochter Kevyn
1960	Promotion bei Bernhard Blume in Harvard: Utopie und Roman: „Untersuchungen zur Form des deutschen utopischen Romans im 20. Jahrhundert."
1961	Aufenthalt in Hamburg zur Betreuung von amerikanischen Austauschstudenten
1962	*Schwierigkeiten beim Häuserbauen* erscheint Tagung der Gruppe 47 im Alten Casino, dem späteren Literarischen Colloquium, Berlin-Wannsee. Lettau liest aus dem Manuskript von *Auftritt Manigs*.
1963	Stipendium der Stadt Berlin-West Beendigung des Manuskripts *Auftritt Manigs* im Hotel am Steinplatz *Auftritt Manigs* erscheint *Lachen mit Thurber*, Satiren von James Thurber, erscheint Rückkehr ans Smith College, Massachusetts
22.11.63	**John F. Kennedy ermordet**
1964	Stipendium des Kulturkreises im Bundesverband der Deutschen Industrie nach Berlin Tagung der Gruppe 47 in Sigtuna, Schweden Trennung von Mary Gene Carter-Lettau
ab 1965	Beginn der Lehrtätigkeit Herbert Marcuses am Philosophischen Lehrstuhl der University of California, San Diego (UCSD)
1965	Lettaus Übersiedlung nach Berlin Bei Happenings von Wolf Vostel mitgewirkt

	Geburt der Tochter Kathy
	Liaison mit Véronique Springer
1965 – 1967	Freier Schriftsteller in Berlin
1965 – 1975	**Krieg in Vietnam**
1966	Tagung der Gruppe 47 in Princeton, USA
	Lettau liest aus dem Manuskript *Feinde*
	Sit-in mit Enzensberger und Susan Sontag
1967	*Die Gruppe 47, Ein Handbuch.* Herausgegeben von Reinhard Lettau, erscheint
	Lettau lernt H. Marcuse kennen
	Teilnahme an Aktionen der Berliner Studenten und der APO
	(Besuch des Vizepräsidenten Humphrey, Schahbesuch, Anti-Vietnamkrieg-Demonstration)
19. April	Lettau hält eine Rede im Audimax der Berliner FU: „Von der Servilität der Presse"
22. Mai	Ausweisung Lettaus aus Deutschland
2.6.67	**Benno Ohnesorg erschossen**
	Lettau nimmt den Ruf der UCSD als Professor für Vergleichende Literaturwissenschaft an.
1968	*Feinde* erscheint
	Gedichte (LCB Ed. 2) erscheinen
	Scheidung von Gene Carter-Lettau
5.6.68	**Martin Luther King ermordet**

11.4.68	**Rudi Dutschke-Attentat**
6.6.68	**Robert Kennedy ermordet**
	Ab November gerät H. Marcuse in Schwierigkeiten. Eine groß angelegte Pressekampagne hetzt viele Eltern von Studierenden der UCSD gegen Marcuse, Lettau und Angela Davis auf. (s. Special Collections an der UCSD für Details)
1969	Heirat mit Véronique Springer Suspendierung Lettaus vom Universitätsgelände der UCSD, nachdem er als Gegner von Soldatenrekrutierungen auf dem Campus auftritt. Teilnahme an Aktionen und Demonstrationen gegen den Vietnamkrieg Großdemonstration in People's Park, Berkeley
1970	Im Sommer fünf Tage Gefängnis und $ 500 Bußgeld wegen der Mißachtung gerichtlicher Verfügungen Ab Dezember in Berlin
1971	Täglicher Faschismus. Amerikanische Evidenz aus 6 Monaten erscheint Mitglied im PEN Zentrum Deutschland (West) Den Sommer verbringt Lettau mit Herbert und Inge Marcuse. Im September kehrt Lettau zurück nach Kalifornien.
1972	Scheidung von Véronique Springer Den Sommer verbringt Lettau in Berlin, Arbeit mit den Rixdorfern.

1973	Immer kürzer werdende Geschichten & Gedichte & Porträts erscheint Inge Marcuse (59) stirbt.
1974	Ab März reist Lettau mit H. Marcuse nach Paris und Deutschland. Rückkehr nach Kalifornien zum Semesterbeginn im September
1975	Erste Rückenoperation
1976	Juni/Juli in Berlin und Frankfurt
1977	Ab August in Berlin Nachwort zu Franz Kafka *Die Aeroplane zu Brescia*. *Love Poems* von Karl Marx, übersetzt und herausgegeben von Reinhard Lettau und Lawrence Ferlinghetti *Frühstücksgespräche in Miami* erscheint Kritik zum Syberberg-Film *Hitler*
1978	Lesung (Graz) und Hörspielproduktion (Stuttgart) von *Frühstücksgespräche in Miami* März: Rückkehr nach Del Mar, Kalifornien 30. September: Uraufführung der *Frühstücksgespräche in Miami* (Gießen)
1979	*Der wahre Zauberer* erscheint *Vom Schreiben über Vorgänge in direkter Nähe oder in der Entfernung von Schreibtischen* erscheint (Essay-Lesung im Oktober in Graz) *Die Entdeckung des Lachens als Schande. Erzählmodelle Kafkas* erscheint Verleihung des Hörspielpreises der Kriegsblinden für *Frühstücksgespräche in Miami* Rede über *Die Fetischisierung des Neuen*

            Heirat mit Dawn Teborski
            Freisemester in Europa
            Poet in Residence an der Universität Essen
            Mitglied in der Deutschen Akademie der darstellenden Künste

29.7.79   **Herbert Marcuse stirbt.**

24.12.79   **Rudi Dutschke stirbt an den Spätfolgen des Attentats.**

1980   *Zerstreutes Hinausschaun* erscheint
       Der Irrgarten. Eine erste Sammlung von Lettau-Texten erscheint in der DDR.
       Lesung auf Schloß Gohlis während der Leipziger Buchmesse
       Erster Besuch Erfurts seit der Kindheit
       Arbeitsstipendium für Berliner Schriftsteller
       August: Rückkehr nach Del Mar, Kalifornien

1981   Reise mit deutschen Schriftstellerkollegen im Auftrag des Goethe-Instituts nach Australien

1982   *Frühstücksgespräche in Miami* wird in Aubervilliers, Frankreich aufgeführt
       Von April bis Juli: Gastprofessur in Warwick, England
       Von Juli bis Sept.: High Sierras, Kalifornien

1983   Lähmungserscheinungen im rechten Arm
       Krankschreibung für das akademische Jahr
       Sommer: High Sierras, Kalifornien
       Juli: erster Hund: Jessica (I)

1984   *Frühstücksgespräche in Miami* in New York aufgeführt

1985	Sabbatical von Januar bis September Aufenthalt in Berlin Tod des ersten Hundes Zweiter Hund: Jessica (II)
1986	Unterricht bis Juni an der UCSD Schwere Asthmaanfälle Sommer in Berlin, Zusammenarbeit mit Heiner Müller
1987	Bis Juni: San Diego Sommer: High Sierras, Kalifornien September: Berlin Erste Lesung aus dem Manuskript *Zur Frage der Himmelsrichtungen* in Graz Plötzliche Rückkehr in die USA wegen Lähmungserscheinungen
1988	Krankschreibung von Januar bis März Sommer: High Sierras, Kalifornien Mehrere Operationen *Zur Frage der Himmelsrichtungen* erscheint
1989	Ab Juni: Reise durch Europa Schwere Lungenprobleme, Einlieferung in ein Krankenhaus in Colmar
1990	Bis Juni: San Diego Sommer: High Sierras, Kalifornien
1991	Juni: Frühpensionierung von der UCSD 8. August: Rückkehr nach Deutschland
1992	Reise nach Erfurt Lesungen aus *„Gäste"* Schwere Lungenprobleme

1993	Jessica II stirbt
	Dritter Hund: Scarlett
	Mai bis Juli: Krankenhaus, Rückenoperation
1994	Berliner Literaturpreis
	Flucht vor Gästen erscheint
	Oktober bis Dezember: Krankenhaus, mehrere Operationen
1995	Bremer Literaturpreis
	Zweite Australienreise
	Stipendium in Schloß Wiepersdorf
	Eintritt in das PEN Zentrum (Ost)
	Reise in die USA: Augenoperation
	High Sierras: Lettau schreibt *Waldstück im Ansturm*
1996	Berufung zum permanenten Jurymitglied des Bremer Literaturpreises
	17. Juni: Reinhard Lettau stirbt in Karlsruhe
	27. Juni: Beerdigung auf dem Friedhof am Mehringdamm in Berlin-Kreuzberg

www.ingramcontent.com/pod-product-compliance
Lightning Source LLC
Chambersburg PA
CBHW030442300426
44112CB00009B/1130